スティーブン・ターンブル【著】
Stephen Turnbull

元村まゆ【訳】

PIRATE
The Buccaneer's *(Unofficial)* Manual

海賊の日常生活

船上生活、戦闘術、
ロールモデルまでの
実践非公式マニュアル

原　書　房

海賊の日常生活

船上生活、戦闘術、ロールモデルまでの
実践非公式マニュアル

目次

序章

海賊になりたいって？
よく考えた方がいい！

いきなりこんなことを書いて、驚いただろうか。まずは自己紹介しておこう。そうすれば、よく考えた方がいいと言った意味がわかるだろう。俺の名前は教えられないが、それにはふたつの理由がある。ひとつは、俺はスパニッシュ・メイン〔大航海時代におけるカリブ海周辺大陸沿岸のスペイン帝国が支配した地域で、フロリダ半島からメキシコ、中米、南米北岸までを指す〕からバルバリア海岸〔北西アフリカの地中海沿岸〕まで、あちこちの収税吏や地元の警備隊から指名手配されているからで、もうひとつは、俺の素性を明かしたら、きみは怯えてしまい、この本を読む気が失せてしまうのではと思うからだ……おたがい、それはよくないだろう？

だから、よく考えてから読み始めてくれ。その理由は、この本には、どうすれば海賊になれるか、どうすれば帆桁の末端《ヤードアーム》から吊り下げられずに長生きして成功できるかといった、他の本には書いてないことが書いてある。なぜこんなことが書けるかというと、この本を書いているのは、かつてはきみと同じ青二才だったが、今は、何て言うか……そう、ひとかどの海賊になった男だからだ！　俺は片目と片脚はなくしたが、才覚まではなくしていない。これまで身につけたいくばくかの知識を、きみに伝えたいと思っている。

だが、言っておくが、この本に書いてあることは、すべて俺ひとりが見たことやしたことではない。俺はこの邪悪な世界のあちこちからやってきた、まっとうな船乗りや腹黒い悪党と出会ってきたが、この本には彼らの知恵も含まれている。だから、カリブ海のバッカニア諸島の海賊の人生だけでなく、北アメリカ大陸の海賊や私掠船《しりゃくせん》〔敵国の船を攻撃して、積み荷を奪う許可（私掠免許状）を得た個人の船〕、バルバリア海岸のイスラム艦隊、それに、中国や日本の残虐な船乗りたちについての知識も得られる。こうした男たちの中には学がある者もいて、自分にとって海賊の生活とはどんなものかを詳細に記述した航海日誌を書いている。この本にはこうした洞察も使っているので、海賊になって成功するために必要な情報はすべて得られるだろう。そうした情報から、何か価値あることが学べるはずだ！

また、俺は海賊の中の海賊と言われる人物に直接仕えた男にも話を聞いた。俺の父親は、若い頃、有名な海賊バーソロミュー・ロバーツのもとで船乗りをしていた。彼は「ブラック・バート（黒い準男爵）」と呼ばれていたが、今から五〇年前、戦いのさなかに弾丸の破片が喉を貫通して命を落とした。不運な最期だったが、ともあれ絞首刑にはならずにすんだ。海賊として活躍していた間、彼はあまりに悪名高かったため、その死に際して政府は彼を「最後の海賊」と呼び、世の人々に海賊の時代は終わったと告げた。だが、実際のところ、海賊は過去の遺物なのだろうか？　本書を読んで、海賊の時代は本当に終わったのか、自分で判断してもらいたい！

X

ジョージ三世陛下の治世、西暦一七九三年に執筆

注記：右の「X」の文字は著者の署名代わりの印であり、信頼できる証人によって本物だと証明されているが、証人たちは全員秘密漏洩を防ぐため銃殺された。

第1章　海賊について

海賊とは何だろう。この言葉は、人によって異なった意味を持つ。天下の公道で通りすがりの人に尋ねたら、海賊とは船を攻撃したり町を襲撃したりする邪悪な船乗りで、首をくくられ、はらわたを取られて四つ裂きの刑にされても当然だと答えるだろう。確かに、多くの海賊は死刑執行人の手にかかって短い人生を終えている。では、なぜこれほど多くの人が、誇り高き海軍の水兵として国王に仕えればいいものを、命がけでこの生き方を選ぶのだろう。ひとことで言ってしまえば「大金を稼ぐため」だ。これが海賊の目的であり、できる限り多くの略奪品を手に入れようと思えば、海賊団の一員となり、海賊船で海に乗り出すしかない。そうすれば、海賊の島のどこかに、こっそり秘密の隠れ家を持てるかもしれない。

これで、海賊とはどういうものかわかっただろう？　厄介なのが、世間で「海賊」と呼ばれる者たちは、決して自分を海賊だと言わないことだ。例えば、昔の興味深い船乗り、バジル・リングローズ（一六五三～一六八六）は、バーソロミュー・シャープ船長のもとで医者として船に乗っていた。しかし、リングローズの航海日誌によると、人から海賊と呼ばれると、たと

カリブ諸島の先住民が使っていた覆いのない焼き網 buccan が、バッカニアという名の由来とされている。イスパニョーラ島のフランス人入植者はブカンで肉を燻製にし、通りかかった船に売っていた。

えやっていることが海賊そのものであっても、本人も仲間の船乗りも、非常に困惑したと航海日誌に書いている。彼は自ら「バッカニア」と名乗り、この称号を非常に誇りに思っていた。

(「バッカニア(buccaneer)」とはフランス語の「ブカニエ(boucanier)」に由来し、もともとはカリブ海のイスパニョーラ島に定住し、野生の豚を食べて生きていた狩人を指す言葉だった。彼らは細長く切った肉を燻製にして、炭火の上でゆっくりと焼いて保存する。こうしておけば、食料が乏しいときにも食べられる。この焼き網をブカンと呼び、長い航海のために肉を買いに訪れる船乗りたちから、狩人はブカニエ――「ブカンを使う人々」――と呼ばれるようになった。イスパニョーラ島での生活は厳しく、とにかく生き残るためにブカニエたちは強く、好戦的になるしかなかった。そして、この屈強な男たちは、ほどなくスペインと戦争状態にあったジャマイカのイギリス人入植者に兵士として雇われることになり、その過程で名前は英語読みのバッカニアに変えられた。一六五五年までに、このバッカニアと呼ばれる私兵集団はスペインの最後の部隊を島から追い払った。だが、それだけで終わらなかった。彼らはジャマイカの砦から通りかかったスペインのガレオン船〔植民地と本国との貨物輸送に使った大型帆船〕を襲えば、大儲けできることを知ったのだ。奪い取った財宝を雇い主に差し出すと、気前よく報酬を払ってくれた。こうして、いわゆる「海賊行為《バッカニアリング》」が開始された。

スペインのガレオン船を襲って財宝を略奪する？　それなら海賊と何ら変わらないだろう？　だが、バッカニアは自分を海賊だとは思っていなかった。自分のために財宝を盗んでいるわけではないからだ。彼らは他人——通常は自国政府——のために働き、襲撃を行う正式な許可も得ていた。多くの場合、この許可は私掠免許状と呼ばれる書面による契約の形をとった。そして、この重要な書面は、バッカニアを海賊と呼ぶ者——逮捕しようとする者は言わずもがな——に示される。この仕組みは新しいものではない。何世紀も前から、何百人もの船乗りがこの「私掠船」と呼ばれる制度で仕事をしてきた。個人財産である船を使って敵船を攻撃する、公式な許可を得ていたからだ。かなり昔のことになるが、一二四三年、イギリス

この絵はチャールズ・ジョンソン船長著『海賊列伝』の挿絵で、海賊を高潔な私掠船乗組員としてではなく、恐ろしい悪党として描いている。恐ろしげな女海賊がカトラス〔船乗りが好んで使う反り身の片刃の短剣〕を誇示しているが、遠くにその将来を暗示する絞首台が描かれている。

のヘンリー三世は、アダム・ロバーノルトとウィリアム・ル・ソヴァージュのふたりに、「海と陸の両方で敵を苦しめる」許可状、すなわち、イギリス海峡でフランス船を襲撃する許可状を与えた。その見返りとしては、王に略奪品の半分を差し出すだけでよかった。そして、一七世紀になると、統治者のために個人的に戦うことの正当性が確立され、新しいバッカニアという存在はこの制度にうまく当てはまった。そのうちに、特にアメリカ北東部沿岸に位置するニューイングランドの入植地では、私掠船は国王だけでなく、商社とも契約を交わすようになった。例えば、一七八〇年、ロードアイランドのプロビデンスに本拠を置く、奴隷と砂糖の貿易を専門とするクラーク&ナイチンゲール社は、イギリスの船舶を攻撃対象とする私掠船の出資者になった。

それで、よその船を襲撃するのが仕事なら、私掠船乗組員《プライベティア》やバッカニアは、海賊と何が違うのか? 答えは想像がつくだろう。私掠船乗組員とバッカニアは、自分たちは他の誰かのために攻撃や襲撃をしていると主張する。一方海賊は、自分のために略奪をしていることを隠そうともせず、そのため、世間から犯罪者と見なされている。もし捕まったら、投獄され、絞首刑

フランシス・ドレークが英国紳士として描かれている。彼はイギリス人にとっては英雄だった。財宝を積んで航海していたところを襲撃されたスペイン船の乗組員からは、あまり好意的に見られていなかった。

になるだろう。詰まるところ、海賊の人生はそれほどロマンティックなものではない。そう思わないか？

「では、海賊ではなく、バッカニアか私掠船乗組員ならどうでしょう？」ときみは尋ねる。では、率直に答えよう。どっちにしろ、最終的な運命は大して変わらない。私掠免許状を持っていれば、敵国の船舶を攻撃する公式な許可を得ていることははっきり証明される。だが、こうした敵国の政府にとってみれば、当然のことながら、きみはまさしく海賊であり、もし敵に捕らえられたら、国家の許可なく攻撃を行う一般の海賊と同じ運命をたどることになる。単に観点の問題にすぎず、「わが国の海賊は私掠船乗組員だが、他国の私掠船乗組員は海賊だ！」ということだ。いわゆる「熟練船乗り《シードッグ》」と呼ばれた最初のひとりで、イギリスの私掠船船長だった名高いフランシス・ドレーク卿のことを考えてみよう。ドレークは一五七七年から一五八〇年にかけて、彼の最も有名な航海に出て、世界一周を果たしたイギリス人初の船長となった（しかし、世界初ではなかった。ポルトガル出身の航海者フェルディナンド・マゼランの方が早かった）。これは波瀾万丈の航海となった。悪天候で五隻の船のうち四隻を失い、部下を反乱を企てたかどで処刑し、スペインのあちこちの港で略奪を行い、財宝を積んだスペイン船を拿捕《だほ》している。エリザベス女王はこの快挙を喜び、ドレークが帰国すると即座にナイト爵に叙した。だが、もしスペイン人に捕らえられていたら、海賊として絞首刑に処されていただろう。イギリスでは、ドレークは偉大な英雄だったが、スペインでは悪党だった。面白いことに、エリザベス女王陛下はドレークを、親しみを込めて「私の海賊さん」と呼んでいた。結局、「海賊」はさほど侮蔑的な呼称ではないということになる……。

私掠船乗組員と海賊を両立させたいと考えたのはイギリス人だけではない。バッカニアの時代には、フランス王のためにイギリス船舶を襲撃した、レネ・デュゲイ＝トルーアンをはじめ、有名なフランスのコルセア（フランス語で私掠船乗組員の意）の物語を読むようになった。彼はイギリス人にとっては海賊で、フランス人にとっては英雄だった――またしてもこのパターンだ。ちなみに、「コルセア」

フランシス・ドレーク卿が南アメリカのラプラタ川（スペイン語ではリオ・デ・ラ・プラタ）の河口に上陸したところを描いた木版画。ドレークは世界一周の旅の初期の段階だった 1578 年に、ゴールデン・ハインド号でラプラタ川に到達した。ドレークはその後、パナマ沖で停泊中に 54 歳で病死する。

地中海でのイタリアのガレー船とバルバリア海賊船の戦い。どちらも自分こそ正義だと信じ、敵を海賊と呼んだ。

という言葉は、バルバリア海岸を基地とする船団のイスラム教徒の乗組員や、マルタ騎士団の呼称としても使われていて、彼らは合法的な標的――たいていはおたがい同士――を選び、相手を海賊と呼んだ。

事態をさらに複雑にしているのは、報酬さえ支払ってくれるなら、どこの国にでも仕える男たちがいたことだ。いわば、雇兵の海軍版だ。私掠船乗組員《プライベティア》と自称したが、忠誠心や愛国心のかけらもなかった。そんな男のひとり、エドワード・コクセアは、何年分にもおよぶ雇い主の長いリストを作成していた。「フランス人と敵対するスペイン人に仕え、その後はイギリス人と敵対するオランダ人に仕えた」などなど……。コクセアは最も気前よく報酬を与えてくれるなら誰のためにでも、喜んで襲撃を行った。実際、彼はあまりに多くの国に仕えたので、自分では何ものだと思っていたとしても、世界のほとんどの国は彼を海賊と呼んだ。一二世紀、ジョン王の治世に活動した中世の海賊ユースタス・ザ・モンク（修道士）は、イギリス海峡で海賊行為を行った最初の私掠船船長のひとりだった。彼もコクセア同様に私利的で、かつては故郷と呼んでいたフランス修道院を捨てて、海賊としての人生を歩んだ。故国を裏切り、イギリス王に雇われてフランス船舶を襲撃したのだ。大成功を収めたために、彼は魔法使いで、自分の船を見えなくすることができるといううわさまで立った。だが、ほどなくユースタスは自分の能力に自信を持つようになり、目に入る船を片っ端から襲ったため、誰の目にも海賊としか見えなくなった。かつては恩を感じていた国王と不仲になったことで、さらにイギリス王室と敵対するようになった。そして、ジョン王の後継者であるヘンリー三世がフランスに宣戦布告すると、ユースタスはイギリスに攻め入るフランス艦隊に加わった。だが、ユースタスの船にイギリス人水夫が乗り込んできて、ユースタスは愛国心の欠如の報いを受け、逮捕されて斬首された。

海賊、私掠船乗組員、コルセア、バッカニア……どの呼び名で呼ばれることになっても、世界のどこかに常にきみを卑劣な悪党とみなす人がいる。だから、自分は海賊であり、自分の運命は、女王からナイト爵に叙せられることから、王によって絞首刑を言い渡されることまで、何があるかわからないという事実を受け入れた方がいい。

海賊小史

海賊は、人類の記憶にある限り、はるか昔から存在していた。真面目に働いて暮らそうとする人々がいるとき、彼らから略奪したいと考える人間が出てくるのは避けがたい人生の現実だ。さて、国家間の貿易のほとんどは、海を航行する船によって行われている。海賊は、海がどれほど広大であるかを認識しているので、めったに捕まることはないと高をくくっている。罪を犯したら、とにかく船を漕ぎ出して、安息の地《ヘイブン》を見つければいい。そして、そこで苦労して手に入れた戦利品でいい思いをするのだ。このように、海賊は常に存在してきた。地球の海で、歴史上ほんのひとときでも海賊の姿を見かけなかった地域はない。

以前俺はギリシアの壺を見て、その図柄にひどく興味を引かれた。そこには堅気の商船を襲う海賊が描かれていたのだが、その戦いはよそでは見たこともないような、変わったものだった。ギリシアの海賊船は、ひとつの帆と多くのオールで進む仕組みになっていて、船首（船体の前面）には左右にひとつずつ目が描かれていた。このタイプの船は

この古代ギリシアの壺の内側には、穏やかなエーゲ海の船乗りが好んだオールで漕ぐ船が描かれている。エーゲ海では、風力だけでは船は進まなかった。

ガレー船と呼ばれ、今日でも地中海ではオールを漕いで進む船を目にすることがある。地中海の条件はガレー船の条件に合っているのだ。だが、近代的なガレー船が、古代ギリシアの海賊と同じやり方で、獲物となる船を攻撃しているのを見ることはないだろう。その壺に描かれた船には、船首に鉄の衝角《こうかく》〔相手の船を突き壊す構造物〕が付いていて、狙った船に全速力で近づき、衝角をぶつける。すると、その大きな衝撃で相手の船には穴が開き、航行不能となり、やがて沈没する。すると、当然のことながら、いくら平和を好む地中海の商人でも、すぐに反撃を開始した。卓越した船乗りだったフェニキア人は、海賊船を沈没させるために、衝角を付けた戦闘用のガレー船を建造した。

海賊は古代ギリシアの神話にも登場する。ある神話では、ブドウ酒と豊穣の神ディオニュソスが海賊に捕らえられるが、すぐさま魔法の力で獰猛《どうもう》な獅子に変身し、海賊をイルカに変えて懲らしめた。この物語は、アレクサンドロス大王（紀元前三五六〜三二三）が、支配していた海域から海賊を一掃した話に基づいていると思われる。

このような戦いは、古代の中東において何百年にもわたって行われていた。新アッシリア帝国の支配者センナケリブ王（在位紀元前七〇五〜六八一）は、今日のペルシア湾地域の領土を襲撃する海賊と戦った。それから数世紀のちに、ササン朝ペルシアのシャープール二世（在位三〇九〜三七九）は同じ地域で同じ問題に直面したが、捕虜にした海賊の肩に穴を開け、縄でつなぐという残忍な手段で報復したことで評判を得た。

古代ローマも海賊には悩まされた。ローマ帝国の黎明期に、ギリシアのキクラデス諸島の重要な港であるデロス港は、すでに海賊の基地として繁栄し、不法な貿易商が奴隷や略奪品を堂々と売っていた。ローマ人は見て見ぬふりをしていたが、紀元前六七年、海賊がローマへ運ばれる穀物を標的にし始めると態度を変えた。生活に欠かせない穀物は速度の遅い大型船で運ばれたため、筋金入りの海賊にとって格好の餌食となった。海賊の襲撃により、ローマの町は餓死の脅威にさらされた。グナエウス・ポンペイウス・マグヌスを総司令官として、海と陸の双方から仕掛けられた大規模な軍事行動により、大部分の略奪者の撲滅に成功した。ところが、ポンペイウスの息子セクストゥス・ポンペイウス（紀元前六七～三五）は、政敵であるオクタウィアヌス〔のちの初代皇帝アウグストゥス〕に対する海上の軍事行動で海賊の支援を受けた（が、最終的に敗れた）。

少し異質なのが、バルバリア海岸と呼ばれる、北西アフリカの地中海沿岸で活動していたイスラム教徒の海賊だ。その名はその地域に住んでいたベルベル人に由来する。ベルベル人初の

ニネヴェにあるアッシリア宮殿の壁面レリーフには、センナケリブの指揮のもとオールで進む戦艦が描かれている。おそらく、アッシリア人の航海仲間であるフェニキア人が建造したものだろう。

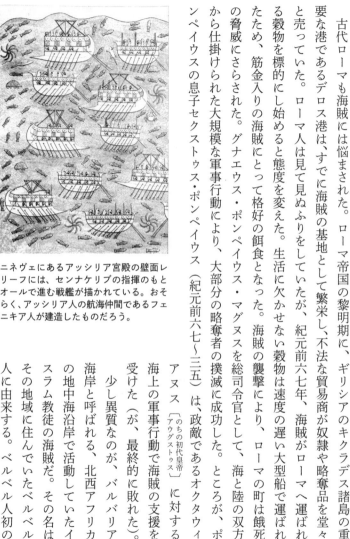

海賊《コルセア》であるケマル・レイスは、オスマン帝国のために活動していた。当時オスマン帝国は、首都をトルコのコンスタンチノープル*に置き、中東から北アフリカまで勢力を伸ばしていた。キリスト教とイスラム教の軍隊が戦争状態にあった時代だ。コルセアは、スペインのグラナダにあるイスラム教徒の要塞の防御に力を貸すよう依頼され、キリスト教側の港への襲撃に何度か成功した。コルセアはブジーやジェルバ島など、北アフリカ沿岸に基地を築いた。バルバリア海賊《コルセア》は、古代ギリシアのものとよく似たガレー船を使い、相手の船に衝角《こうかく》をぶつけて乗組員を捕虜にした。金持ちの捕虜は身代金を払って解放さ

* 原注：コンスタンチノープルは現在イスタンブールと呼ばれている。

海賊の黄金時代におけるバルバリア海岸と呼ばれた北アフリカ沿岸の地図。

れたが、貧乏な捕虜は奴隷となり、海賊船の漕ぎ手となった。バルバリア海賊《コルセア》の鏡像のような存在がマルタ騎士団だった。その前身である十字軍兵士と同様に、マルタ騎士団も自らを聖戦士だと見なしていたが、それはコルセアも同じだった。このふたつの集団は、何百年もの間激しい戦いを繰り広げた。

海賊は外海で獲物に近寄ってくると一般に思われているが、世界の多くの地域では、他船への攻撃は、海岸近くの潜伏場所から開始された。イタリアをバルカン半島と隔てるアドリア海は、現在はきわめて平穏だが、一二、三世紀には、クロアチアの小さな港湾オミシュに非常に凶暴で強力な海賊団が潜伏していた。そのため、強大な城壁都市ドゥブロヴニク

海賊の黄金時代の地中海の地図。

でさえ、海賊と取引せざるを得なかった。この町は両側に巨大な断崖がそそり立つ狭い湾の上に建設されたため、海賊はすばやく撤退したり待ち伏せしたりできる、サジッタ（「矢」の意）と呼ばれる流線型の船を好んだ。そして、通りかかった船を次々と襲い、ベネチア、コトル、スプリトからやってきたガレー船、ときにはローマ教皇が所有する船さえ襲撃した。しかし、一五世紀になってベネチアがアドリア海を支配すると、たちまちこうした不正行為を厳しく取り締まるようになった。

ほぼ同時期に、極東では被害者から倭寇と呼ばれる海賊が、繰り返し海岸沿いの地域を襲撃していた。その名の最初の文字「倭」は、中国と朝鮮半島の民が日本に与えた古い呼称で、狼藉者《ろうぜき》はどこの国から来たと信じていたかを示している。だが、極東で海賊行為を行っていたのは、断じて日本人だけではない。一六世紀半ばまでに、個々の海賊団は明らかに国際性を帯びていた。中国、朝鮮半島、それにポルトガルからも人々が加わった巨大な集団になっていたのだ。当時最も勢力があった海賊団の首領は祖国を裏切った中国人で、日本の島にある基地から船を出して罪を日本人にかぶせ、倭寇の匿名性を利用して同じ中国人を威嚇していた。倭寇が船を襲った話も多数残ってはいるが、たいていは沿岸部を襲撃し、中国や朝鮮半島の海沿いの町に大規模な攻撃を仕掛けた。こうした行動には、三〇〇〇人もの倭寇軍団が関わっていたことも知られている。奴隷を捕らえることもあれば、川や沿岸部で米を運ぶ船を襲うこともあった。

この絵では、中国人兵が襲ってきた日本人の海賊と戦っている。中国や朝鮮半島で襲撃を行う海賊団は「倭寇」と呼ばれた。「倭」は日本国を示すが、倭寇と呼ばれる海賊団にはしばしば中国や朝鮮半島出身の船乗りも含まれていた。

日本でも海賊行為は盛んに行われた。本州と四国、九州を隔てる海は瀬戸内海と呼ばれ、そこに散在する数多くの小島や入江は、航海を好む武士の大将にとって安全な休息地だった。瀬戸内海に出没した武装集団である「海賊」は、その財を主に「強請《ゆすり》」によって得ていた。通りかかった船にいわゆる「みかじめ料」を要求し、船長が愚かにもみかじめ料の支払いを拒否した船は攻撃を受ける。これにより海賊側はかなりの財力を有するようになった。近隣地域の沿岸に住む人々は、断れば町が破壊されることを恐れて、毎年海賊に貢ぎ物を納めた。この「海

カリブ海のバッカニアの主な標的は、金銀をスペインへ運んでいた巨大なスペインの財宝運搬船だった。『ハームズワース社の世界の歴史 Harmsworth History of the World』に掲載されたこの絵には、バッカニアが乗った小さな船が、巨大なスペインのガレオン船の船尾に近づくところが描かれている。

の料金所」はきわめて有効に機能し、言うことを聞かない相手には容赦のない攻撃が加えられた。

最後になったが、スパニッシュ・メインという名称を耳にしたことがあるだろう。これは海賊に関する中で最もロマンティックな場所だ。「メイン」とは「メインランド」から来ており、アメリカ大陸の「新世界」にあるスペイン帝国の領土を指す。一四九二年にクリストファー・コロンブスが達成した、アメリカ大陸への有名な探検の航海の後、スペイン人はこの地域が生み出す金銀の莫大な富を利用し始めた。銀はラバが引く荷車で港に運び、太平洋を越えてもたらされた極東の

「海賊の黄金時代」のスパニッシュ・メインの地図。金が豊富なこの地域のヨーロッパ植民地と海軍の交易路は、獲物を狙う海賊にとって大きな魅力があった。また、メキシコ湾に散在する多くの島々のゴツゴツした海岸線は、海賊にとって襲撃の前後に身を隠すためのこの上ない潜伏場所になった。

品々は、陸路で大西洋まで運んでからスペイン行きの船に積み直された。イギリスの私掠船はこうした財宝運搬船団を襲うようになり、大損害を与えたが、約五〇年前にスペイン帝国が取り締まりを始めた。スパニッシュ・メインで最も海賊活動が盛んだったのは、コロンビアのカルタヘナとパナマのポルトベロだ。一六六八年、ヘンリー・モーガン船長は型破りな方法でパナマシティを占領し、彼の手下——少人数の海賊団——は一四日かけて略奪の限りを尽くした。

ヘンリー・モーガンが生きていたのは、一六五〇年頃から一七三〇年頃まで続いた、いわゆる「海賊の黄金時代」の最中だ。本書で取り上げる悪党たちの多くは、この輝かしい時代に活動していたわけだが、その時代も約五〇年前にスペイン帝国の力が衰退するとともに終わりを告げた。イギリスとフランスがスパニッシュ・メインを支配し、この海域での海賊の撲滅に乗り出したのだ。両国の海軍はカリブ海一帯で情け容赦なく海賊を追討し、捕らえた者を片っ端から即決裁判にかけたため、海賊のほとんどはよその土地へ移っていった。スティード・ボネットをはじめ多くの有名な海賊は、活動の舞台を北方のニューイングランド沿岸へ移し、好景気にわく貿易港を標的にした。ブラック・バートはニューイングランドにきっぱり見切りをつけ、

新しい発火技術によって、古い船舶が戦時の爆発性兵器に変貌した。

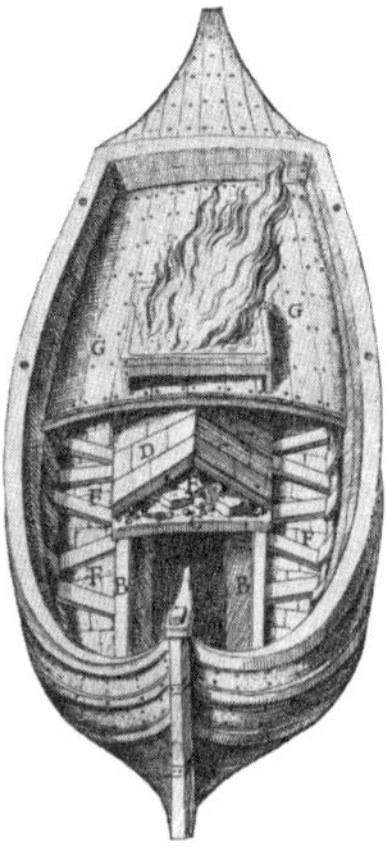

アフリカへ移動した。だが、これで海賊の時代は終わったのだろうか？　いや、まだ終わっていない。先を読んでくれ！

現在の海賊とその活動地域

これで海賊の歴史について、ある程度は理解できたと思う。では、一七九三年現在、海賊はどこで活動を続けているのか、詳しく見ていこう。

イギリス海峡

私掠船と凶暴なコルセアは、今もイギリスとフランスを隔てるイギリス海峡で活動している。イギリス人船乗りは、フランス海賊の主要な本拠であるサン・マロを「蜂の巣」と呼ぶ。この城壁都市はブルターニュ地方の海沿いに位置し、かつては海賊の根城として悪名を馳せていたため、一六九三年、イギリス人は比較的安全な海から「火船《かせん》」（港の中に送り込み、故意に火災を起こす船）を送り込んで、この町を破壊しようとした。製造者が「時限爆弾」と呼んだこの船は、最新技術を使って廃船を海に浮かぶ爆弾に変えたもので、大量の火薬やさまざまな爆発装置が積み込まれていた。甲板には、船が爆発すると破片が飛び散って被害をもたらすように、古い大砲が何台も置かれていた。イギリス人にとって不運だったのは、船が岩にぶつかったとき、裂け目から海水が入りこみ、火薬が湿ってしまったことだ。導火線に火を付けても、小さな爆発が起きてネコが一匹犠牲になっただけに終わった。コルセアから笑いものにされ、侮辱されて、イギリス人は攻撃を断念した。サン・マロでの海賊貿易は父から息子へと受け継がれ、現在も莫大な利益を生み出して、私掠船への出資者を引き寄せている。

マルタ

マルタ島はシチリア島の南の海上にある小さな島で、自分のことを重要人物だと考える大勢のコルセアが暮らしている。彼らは自らを、聖ヨハネの騎士という海賊にはあまりに仰々しい称号で呼んでいる。聖地エルサレムに病院を設立した十字軍の子孫だからということらしい。彼らはその後ギリシアのロードス島をはじめいくつか拠点を持ったが、現在はマルタ島に落ち着き、キリスト教をイスラム教徒から守る擁護者だと自認している。今もたびたびバルバリア海賊《コルセア》と衝突している。戦術面から言えば、マルタ騎士団には優れた面がたくさんある。聖ヨハネ騎士団は岩だらけの島を、スペイン船舶が休息し、再軍備を整えることができる強固なガレー船の港に変えた。今日それは目を見張るような光景だ。この港を活動拠点とするマルタ騎士団の船は恐るべき大型船で、オールに加えて帆も素晴らしい推進力を備えている。

バレアレス諸島

バレアレス諸島の主要な島としては、マヨルカ島、メノルカ島、イビザ島がある。西地中海

メノルカ島マオン港の戦い。1756年5月、フランスのリシュリュー公爵率いる特別部隊がメノルカ島のマオン港を攻撃し、その後地中海におけるイギリス王室海軍の中心的戦力を攻撃した。

に浮かぶ群島で、スペインの東、バルバリア海岸の北に位置し、数百年にわたって海賊活動の拠点となってきた。バルバリア海賊《コルセア》のレジェンドのひとり、ハイレッディン・バルバロッサは、一五三五年にメノルカ島への攻撃を開始した。今日マオン港の周囲に巡らされた壁は、イスラム教徒の脅威に対抗するために島民によって建設されたものだ。バルバロッサの襲撃以来、絶えず私掠船がこの島に押し寄せている。ハイメ・スカルミチ・ギベルナウを例に取ると、一七七八年に二四門の大砲を備えた私掠船を指揮したあと、海賊を辞めてポルトガル海軍に入った。一七八四年には、アルジェでの私掠船の攻撃に参加している。一方、同時代人で元私掠船乗組員のフランシスコ・カタラ・シッチェスは、他の場所へ襲撃に出かけることなく、メノルカ島に留まって地元の船を海賊から守った。このように、これらの島の周辺では、まだ多くの海賊が活動を続けている。

北アメリカ

北アメリカでは、市民は海賊と私掠船乗組員を明確に区別している。黒髭をはじめとするきわめて有名な海賊たちが北アメリカ沖で活動していたが、アメリカ人は誰ひとりとして、黒髭の冒険を自慢したりしないだろう。彼はイギリス人の海賊なので、犯罪者と見なされたのだ。ところが、近年のアメリカ独立革命では、アメリカの私掠船乗組員がイギリス人に対して立ち上がったが、そのとき彼らがどれほど勇敢だったかを物語るエピソードは、きみも耳にするだろう。筋金入りの君主制主義者でさえ、その主役たちが目覚ましい働きをしたことを認めざるを得ない。反逆者たちの海軍には最初は三四隻の船しかなかったが、独立を求める苦しい戦いの中で、約四〇〇人の私掠船乗組員はなくてはならない戦力となった。そして、アメリカ独立革命の期間中にイギリス船舶を三〇〇〇隻拿捕《だほ》し、イギリスの交易を活動不能にし、大陸軍〔一七七五年の大陸会議において創設されたアメリカ一三植民地の軍隊〕のために、喉から手が出るほど欲しいマスケット銃や火薬を奪った。アメリカの私掠船の多くは、当時植民地における最大の港だったフィラデルフィアまたはバルチモアから出航した。バルチモアでは造船技師が商船を改造して私掠船の需要を満たした。私掠船の漕ぎ手に加わって略奪の分け前にあやかろうと、志願兵は引きも切らなかった。彼らは「獲物なければ報酬なし（no prey, no pay）」の規則に従い、略奪品の分け前だけを受け取って航海に参加した。中にはひと財産築いて戻ってくる者もいた。私掠船の中で最大の成功を成し遂げたのは、ロードアイランドのブリストルから出航した「ヤンキー」と呼ばれるブリッグ〔二本マストの帆船〕で、数百万ドルの価値がある四〇隻の船を拿捕した。

インド洋

スパニッシュ・メインでは各国の海軍に追いかけられるようになり、海賊にとって危険が大きくなったため、多くの海賊がインド洋に注意を向けた。その海域では、辛抱強く待っていれば多くのチャンスが巡ってくる。東方からメッカに巡礼に訪れる裕福なイスラム教徒はこのルートを通るし、イギリスとオランダの東インド会社は、極東との交易を指揮させるために商人を送り込んだ。こうした船舶は必ず喜望峰を回るので、すぐそばのマダガスカル島が海賊の理想的な基地となった。インディアマン〔東インド会社

イギリス東インド会社の紋章。同社の船舶は海賊の格好の標的となった。

の認可を受けた貿易船〕は、かつてのスパニッシュ・メインの財宝運搬船と同様、絹、高級な陶磁器、貴金属を運んでいるので、こうした船舶を襲撃する海賊は、歴史上類がないほど巨額の富を得ていた。インド洋で最初に悪名を馳せた私掠船船長ヘンリー・エイヴリーは、一六九五年、小規模な海賊船団を率いて、インドのムガール帝国皇帝が所有する財宝運搬船ガンジ＝イ＝サワイ（またはガンズウェイ）を拿捕した。血みどろの戦いのあと、エイヴリーと手下の海賊は大量の略奪品を持って逃げ去った。この一件は皇帝の激怒を招いたため、まもなく海賊にとって天国の島だったマダガスカル島は要塞化する必要に迫られた。一六九〇年代、マダガスカルのセントメアリーズ島は約一五〇〇人の人口を誇り、海賊にとって非常に重要な補給基地の役割を担っていた。そうした海賊のひとりが、恐るべきキャプテン・キッドだった。

一八世紀初頭、カナージ・アングリアはインドのマラータ海軍に属し（後に指揮官になった）、インド周辺の海域で、イギリス、オランダ、ポルトガルの海軍と戦った。こうした敵国の船員の間では、彼は「海賊」と呼ばれたが、現在のインドでは国民的英雄と称えられている。マラータ王国皇帝はムガール帝国皇帝と敵対していた。マラータの政権が軟弱だったとき、アングリアは独断で東インド会社所属のイギリスの船舶を攻撃した。一七一三年にはアングリアの上官が、彼の独断的行動を止めるために部隊を派遣したが、アングリアは打ち負かしてしまった。その後交渉を重ねた結果、アングリアは地元の一船団の指揮官となった。交渉して決めた契約――彼から言い出したものもあった――にもかかわらず、アングリアはイギリスやポルトガルの商船を二五年にわたって攻撃し続け、最終的にインドの西海岸のほぼすべてを支配下に置いた。

極東

極東の陸と海を恐怖に陥れた恐ろしい「倭寇」と「海賊」の大部分は、今日ではイギリス王室海軍や東インド会社所有の軍艦のおかげで排除された。だが、この地域にはいまだに海賊が出没し続けている。現在の略奪者は、日本ではなく、主に中国からやって来る。日本政府が、船舶が日本から出ることを禁じているからだ。餌食になるのは、主に外国の輸送船だ。ごく最近まで、オランダの海賊も平戸という島を拠点に日本の

明王朝時代（16 世紀）の中国または朝鮮半島で、手漕ぎの小舟に乗った倭寇の海賊が弓矢や刀（日本の代表的な長い剣）を振り回しながら、沿岸の街を襲おうとしている。

沿岸で活動し、マカオと長崎の間を行き来するポルトガル船舶を襲撃していた。

海賊になるまで

で、ここまで読んだということは、きみは海賊になると心に決めているのだろう。きみはなぜ海賊になりたいのか？　海賊になる人がみな、なりたくてなるわけではない。多くの人々は絶望の果てに海賊になる。海賊の黄金時代には、海賊の二五～三〇パーセントは「シマロン」と呼ばれる、スペイン人の主人のもとから逃げ出したアフリカ人奴隷だった。また、残酷にも奴隷の人生を運命付けられた男たちは、海賊が新世界へ奴隷を運ぶ船を襲ったのちに海賊団に加わった。バーソロミュー・ロバーツの一団で言うと、一七二一年時点で三六八人の乗組員のうち、八八人が黒人だった。イギリス人の海賊サミュエル・ベラミーが仲間の海賊とウィダー・ギャリー号を捕獲した際には、二五人の解放奴隷が一団に加わった。ピーター・クロワズも元奴隷で、一六七九年にイギリス人バッカニアのエドワード・デイビスが「所有者」から奪い取ったのちに海賊になった。デイビスとクロワズは親しい仲間になり、カリブ海や南アメリカの太平洋沿岸まで遠征して海賊行為を続けた。

同様に、アフリカ人とスペイン人の混血であることからエル・ムラート〔ムラートはスペイン語で「白人と黒人の混血児」の意〕とも呼ばれていたディエゴ・グリロは、キューバのハバナから逃走して海賊になり、へ

1888年頃の石版画。沈没する自船の前で悲しみに暮れるサミュエル・ベラミーが描かれている。

ンリー・モーガンの有名な一六七一年のパナマの略奪に加わって、一〇門の大砲を搭載した船の船長を任された。グリロとその乗組員は、カリブ海を航行するスペイン船舶を攻撃し、略奪品を「海賊の安息地《パイレーツ・ヘイブン》」として悪名高いトルトゥーガ島で売って生計を立てていた。三隻の船が彼を捕らえに派遣されたが、彼は三隻とも打ち負かし、スペイン生まれの乗組員を全員虐殺した。最終的に、グリロは一六七三年に捕らえられて絞首刑に処されたが、これは異例の処罰だと言える。黒人の海賊は、捕らえられると白人の海賊（彼らに対しては絞首刑はよくある処罰だった）とはまったく異なる扱いを受けるのが普通で、「所有主」に返還されるか、別人に奴隷として売られた。船の上では、他人のルーツや肌の色を気にかける者などいない。誰もが海の兄弟の一員なのだ。

どうしても海賊になりたいという衝動は、貧困や失業によって引き起こされることもある。国家は戦争状態に入ると、熱心に徴兵して多くの男性を海軍に配属する。平和時には、こうした男性（少なくとも、その中の生き残った男性）は他に仕事を探すか、さもなくば飢え死にするかしかない。船乗り稼業しか知らない男たちは、海賊団に入る他に道はないのだ。一七〇一年から一七一五年まで続いたスペイン継承戦争終結後の数年は、海賊の志願者が急増したが、これはイギリス王室海軍が戦時に採用した五万三〇〇〇人のうち、四万人を解雇した影響と見て間違いない。皮肉なことに、その多くはもともと無理やり海軍に入隊させられた者たちだった。これは強制徴募隊と呼ばれる公式に認可された組

ピーター・モナミーによる18世紀の港町ブリストルを描いた絵画の細部。この波止場で酔っ払って歩いていた多くの男が連れ去られ、強制的にイギリス王室海軍に入隊させられた。それに対し、海賊はほとんどが自ら志願した者たちだ。

織で、港町の通りから酔っ払いを連行し、強制的に水兵として徴用した。

海賊は強制徴募という手段は使わない。捕らえた船乗りを説得して海賊団に加わらせる、「説得方式」を使う。説得に応じなかった者は、無人島に置き去りにされると言われてきた。ジョージ・キューザックの海賊団の四人の若者は、キューザックが襲った商船に乗っていたときは、船上で給仕をしたり、大工や音楽隊などの他の乗組員の弟子として働いたりしていたらしい。周囲の影響を受けやすい年頃に海賊の中で暮らしたために、彼らは否応なく海賊になった大人よりこの気ままな暮らしに順応しやすかったかもしれない。また、略奪の方法や船舶の操縦法を学ぶうちに、海賊の価値観を身につけたのではなかろうか。

もしきみが商船で海に出ていながら、密かに海賊の生活に憧れを抱いているなら、運良く卑劣な海賊に捕まることもあるかもしれない。ジョン・キングは、九歳でボネッタ号の乗客として航海していたとき、ブラック・サム・ベラミー率いる海賊船に襲われた。そのとき、ベラミーの海賊団に加わりたいと申し出て、皆を——とりわけ母親を——仰天させた。ベラミー号船長の公式な証言によると、海賊団に加わりたいというキングの決意は固く、もし聞き入れられないなら船から身を投げると宣言し、母親が阻止しようとすると、暴力で脅したという。念願かなって晴れて海賊になったものの、残念ながら、キングの海賊人生はわずか三か月しか続かなかった。ベラミーの海賊船ウィダー号が遭難し、他の乗組員とともに命を落とした。生き残った乗組員は二人だけだった。

最も勇敢な海賊船長とは、しばしば最も非情で、状況次第ではどこまでも残酷になれる人物だった。この絵では、ヘンリー・モーガンは捕虜、すなわち拿捕した船の乗組員を拷問しているようだ。財宝の隠し場所を吐かせようとしているのだろうか？

もしかしたら、きみにも海賊の血が流れているかもしれない。船長たちは襲撃に息子を連れていき、海賊の仕事を教えたと言われている。フランス人コルセアのジャン・バールは、一四歳の息子が銃撃の音を聞いて身をすくませているのに気づくと、彼が言うところの「この種の音楽」に慣れるように、息子をマストに縛りつけた。と言っても、子どもの海賊は例外的で、あまり見かけなかった。ブラック・バートが制定した「海賊の掟」には、「堅気の女性や少年は決して船に乗せてはならない」と、わざわざ子どもに言及してはっきり申し渡している（この掟は女性にも言及しているが、どうしても海賊になりたいという女性を阻止することはできなかったようだ）。

海賊以外の海の仕事

かなり気落ちしているのではないだろうか？　海賊になると心を決めたものの、絞首刑に処されるのは勘弁してほしい？　それなら、他にも選択肢はある。水先案内人《パイロット》になるのはどうだろう。船が港から外海へ出るのを誘導する仕事だ。海賊ほど刺激的な仕事ではないが、ボソボソつぶやけば、海賊《パイレート》と聞き違う人もいるだろう。船乗りになりたいという強い思いがあるのなら、商船の乗組員はどうだろう？　海賊の戦いぶりを間近で見るのにうってつけの仕事だ。残念ながら、その標的になる可能性も高いが、無事に生き残れたら、まさに胸が躍る体験になるだろう。また、イギリス王室海軍に入るという手もある。ただし、国王所有の船舶の環境は劣悪なため、海賊の生活に憧れる乗組員も多いらしい。

アウトローの暮らしには魅力を感じるが、家庭の快適さも捨てられないというなら、海賊の魅力的な代替案として、運び屋がいいかもしれない。沖合に停泊する船から、沿岸にある秘密の隠れ場所まで禁輸品を運ぶ仕事だ。儲かる上に、本物の海賊と出会うチャンスもある。さらに、近くの海岸線で船が難破するよう仕向けるのに夢中になるかもしれない。暗い嵐の夜が狙い目だ。岩場のそばにランタンを置いて、海賊船の船長をだまして、安全な港へ向かっていると思わせる。船が岩にぶつかって沈み始めたら、積み荷はすべて取り放題だ。その後は自宅に戻って、（乾いた）ベッドで快適な眠りを貪ればいい。

険しい表情のふたりの運び屋が禁輸品である陶磁器を積んだ船を待っている。ふたりの疲れ切った無気力な表情からは、海賊の生活がもたらす興奮はまったく感じ取れない。

公明正大なわが母国イギリスでは、運び屋はかつては簡単な仕事だった。ほとんどが漁師で、捕まえてもどうせ貧しくて罰金など払えないと考えられて、徴税官もたいていは野放しにしていた。大部分は老人だったため、徴兵してイギリス王室海軍に入れることもできなかった。だが、一七三六年に状況が変わった。議会が運び屋を取り締まる法令を制定したのだ。現在では運び屋は逮捕され、処罰の対象になっている。徴税官にケガを負わせたら、法廷には死刑を科す権限が与えられている。武器を持たない運び屋も、遠方の島へ流刑になったり、重労働を科せられたり、最悪の場合、強制的に王室海軍に入隊させられたりした。これなら海賊になる方がましかもしれない……。

第2章　海賊のロールモデル

海賊とひと口に言っても、いろんなやつがいる。男も女も、真面目な船乗りをだましたり、脅したりして金品を奪う機会に引き寄せられて、世界中からやって来る。彼らの海賊人生を調べてみると、学ぶべきことはたくさんある。きみが海賊船船長《キャプテン》のお手本にするのは黒髭だろうか。彼はカトラス〔海賊の武器である反り身の片刃の短剣〕を手に取る前に、慎重に自分の恐ろしい行為についてのうわさを広めて、狙った獲物の心に恐怖心を引き起こしておいた。それとも、残忍なウィリアム・キッドだろうか。彼の情け容赦のない残虐行為の前には、どんな派手な作り話も影が薄くなる。あるいは、勇敢な――愚かなと言う人もいるようだが――ジョン・ポール・ジョーンズのごとく、無謀にも戦いに飛び込んでいくだろうか。それとも、狡猾な女海賊レイチェル・ウォールのように、策略をめぐらせて無警戒な犠牲者を出し抜くのだろうか。

最も有名な略奪者の中には、出くわした誰からも海賊と呼ばれた者もいるが、それ以外は、呼び名に多少手心が加えられているようだ。犠牲者にとっては間違いなく悪党だが、母国では偉大な英雄と称えられる可能性もある。世界に知られた悪党となって、人々の心に畏怖の念を抱かせている姿と、母国の人々から称賛という栄光を勝ち取った姿、きみならどちらが想像しやすいだろう？

これからいくつか海賊たちの人生を紹介するので、じっくり読んで、きみは本当にこんな生き方（もしくは死に方）をしたいのか、自分で判断してもらいたい。

バルバロッサ兄弟（活動期間　一五一二〜一五四六年頃）

バルバロッサ兄弟を描いた 17 世紀オランダの木版画。ウルージが戦死すると、弟が後を継いで北アフリカ沿岸を恐怖に陥れ、最終的にモロッコからジェルバ島までの地域を手中に収めた。

最も有名なバルバリア海賊《コルセア》と言えば、おそらくバルバロッサ兄弟だろう。ギリシアのレスボス島出身で、チュニジアのラ・グレット港を拠点に活動した。兄のウルージは一四七〇年頃に生まれ、赤いひげを生やしていたことから、イタリア語で「赤髭」を意味する「バルバロッサ」というあだ名が付いた。一五一二年には、ウルージは一二隻のガレー船と一〇〇〇人の手下を持ち、その大胆不敵な活動で広く知られていた。スペイン守備隊への攻撃で左腕を失い、その六年後の一五一八年、ウルージはスペイン軍との戦闘中に落命した。弟のハイレッディンは、亡き兄に敬意を表して髭と髪の毛をヘナで赤く染め、海賊のマントを身にまとった。チュニジアのいくつかの港を占拠し、そこを海賊の安息地《パイレーツ・ヘイブン》に変えると、海洋で奪い取った戦利品で暮らしていた。一五二九年には、この地域で唯一スペインの存在感が残っていたアルジェ要塞を陥落させた。一五三四年には、ついにチュニスのベイ（総督）だったムーレイ・ハサンを退位させ、モロッコからチュニジアの沖合に浮かぶ北アフリカ最大の島、ジェルバ島までを支配下に収めた。その後はローマ教皇がバルバロッサ打倒を目的として結成した神聖同盟を含め、さまざまなキリスト教徒の敵と戦ったが、一五四六年に熱病のため死去した。この時代には、ウルージの方が有名だったが、バルバロッサ兄弟の名を歴史に刻んだのはハイレッディンの功績だ。兄と共通する不屈の精神は、その慎重さによって抑えられていたものの、長く実り多い海賊人生の礎《いしずえ》となった。

村上武吉《たけよし》（一五三三〜一六〇四年）

日本の瀬戸内海の海賊、すなわち「水軍の大将」の中で最も有名なのは村上一族だ。この大きな勢力を持つ一族は、活動拠点となる島の名前にちなんで、能島、来島、因島の三家に分かれ、瀬戸内海において三家で約三〇〇〇人を擁していた。村上武吉は前立に金のホタテ貝の飾りがついた兜をかぶり、瀬戸内海の最も狭く、船の往来の多い海峡を見渡せる能島の城から統治していた。村上は各所に関所を作り、帆別銭《ほべつ》を徴収していた。船長は前もって帆別銭を払う代わ

村上吉充は日本の瀬戸内海を拠点とする海賊、因島村上氏の当主。村上水軍は往来の激しい海域を航行する船から通行料を徴収した。倭寇とは異なり、海賊は同じ日本人を略奪の対象とした。

りに、村上家の紋章が入った旗を与えられ、安全な航行を保証された。この旗を立てておけば、船長は村上水軍が統治する海域では、さらなる通行税を取られたり、海賊行為の標的となったりせずにすんだ。船長が帆別銭の支払いを拒むと、村上水軍の攻撃の標的になる。水軍は標的に向かってこぎ出し、相手の船に乗りこむと、矢を雨のように放つだけでなく、さまざまな爆発物を投げつけた。村上水軍が出陣する際は、送別の食事に決まってタコが供された。タコには八本の足が八方の敵から身を守ってくれるという象徴的な意味合いがあった。

鄭成功《ていせいこう》（一六二四～一六六二）

この人物は、国姓爺《こくせんや》という呼び名の方がよく知られているかもしれない。彼の父親は、日本の平戸という島を本拠にした中国人の商人（ならびに海賊）で、母親は日本人だった。七歳のときに父とともに中国へ渡り、その地で大きく成長し、明王朝の官吏登用試験にも合格した。

国姓爺は中国人海賊と日本人女性の間に生まれた。一時、明王朝の軍に将軍として仕えたが、その後活動の場を海に移した。彼のゼーランディア城（安平古堡）の攻撃で、台湾におけるヨーロッパ人の植民地化政策に終止符が打たれた。

北方から満州民族の侵入に脅かされたときも、明王朝の忠実な支援者であり続けた。鄭成功は明王朝のために、最初は将軍として陸地で戦ったが、中国南部への撤退を余儀なくされると海に逃げ込み、満州人の船を攻撃した。彼の激怒の対象になったのは満州人だけではなかった。台湾島のオランダ人入植者も大規模な襲撃の標的になり、これはヨーロッパ人から海賊の侵略行為と見なされた。ついには鄭成功はオランダ東インド会社の砦であるゼーランディア城（安平《あんぴん》古堡《こほう》）を包囲攻撃し、一六六二年二月一日に陥落させた。オランダ人による台湾支配はこれで終結し、その後鄭は台湾を満州人の船舶への襲撃の拠点として使用した。鄭がフィリピン人を襲撃した際は、海賊行為に対してさらに非難を浴びた。鄭は大規模な攻撃を計画し、おそらくはフィリピンからスペイン人を排除する計画も立てていたと思われるが、三七歳でマラリアにかかって亡くなったため、すべて頓挫した。

ステンカ・ラージン（一六三〇～一六七一年）

ロシアのコサック族は、ドン川で漁をし、ステップの大草原で狩りをし、羊、牛、馬の世話をして暮らしていたが、こうした資源が枯渇すると、貧しさの中で生き残るために海賊になる者も出てきた。一六六七年にステンカ・ラージンがカスピ海で略奪を始めたのも、こういう理由からだった。彼は武装集団を率いて、ロシアの君主《ツァー》所有の貿易船を何度も襲撃し、高価な積み荷を略奪し、政治犯を解放した。たちまち彼は恐るべき評判を得た。それは、彼の船隊がツァーリーツィン〔現在のヴォルゴグラード〕の要塞を通過したとき、政府側は手に負えない相手だと認識していたため、誰も銃を撃ってこなかったというものだ。七月には、当時ペルシア帝国に属していたカスピ海沿岸の城壁都市に到着した。ラージンは四〇人の海賊の一群とともに、礼拝のために大聖堂を訪れる巡礼のふりをして守衛の前をすり抜け、町に侵入した。最初は平穏に事が運んでいたが、守備隊の司令官と一七〇人の兵が海賊団へ入るのを拒むと、一転して流血の惨事になり、即刻全員が

ステンカ・ラージンは海賊だったが、自分に都合のよいときは私掠船船長のように振る舞い、ロシア人の友人と敵対者の双方の多くから反感を買った。1671年6月6日、一連の残酷な刑罰を受けたあと、モスクワの赤の広場で処刑された。この木製の胸像はロシアの彫刻家ベアトリーチェ・サンドミルスカヤの作品。

殺された。海賊たちは冬の間この町に留まっていたが、しだいに食料と水が不足し始めた。ペルシア人は繰り返し海賊団を襲い、ついにペルシア帝国はその町を奪回した。ラージンは逃走したが、すぐに襲撃を再開し、ペルシアの財宝運搬船二隻を拿捕《だほ》した。ペルシア海軍が追跡してきたが、ラージンは戦いを回避するため、おとなしくドン川へ戻るという条件で、恩赦を受け入れた。だが、当局からの報復を恐れた仲間のコサック族が彼を捕らえ、処罰を受けさせるために引き渡した。モスクワに移送され、権力側の手に委ねられたラージンは、鞭で打たれ、焼き印を押された。髪を剃られ、絶え間なく降り注ぐ凍るような冷水を浴び続けるという冷酷非道な仕打ちを受けた。そして、一六七一年六月六日、赤の広場で四つ裂きの刑に処された。

ヘンリー・モーガン（一六三五〜一六八八年）

イギリスのウェールズ出身の私掠船船長ヘンリー・モーガンは、海賊の黄金時代にスパニッシュ・メインで活動していた。最も有名なのは、スペイン領パナマでの略奪だ。スペイン人が反撃を仕掛けてきたとき、モーガンは修道士と女性、それに町長を人間の盾として使ったため、非道な人間という評判が定着した。その後も彼は、陸上で多くの残忍な襲撃を行った。この襲撃の知らせがヨーロッパに届くと、スペインは激怒した。この事件が起きたのは、スペインとイギリスが講和条約を結び、平和的な関係にあったときだったからだ。一六七二年四月にヘンリー・モーガンはイギリスへ召喚され、二年間名目上は軟禁状態にあった。だが、実際には自

ヘンリー・モーガン卿の肖像画。フランス人（またはオランダ人）アレクサンドル・エスケメランが執筆し、1678年にオランダで初版が出版された17世紀中米における海賊行為の年代記『アメリカの海賊たち The Buccaneers of America』から引用。モーガンは賛否がわかれる人物だ。スペインと戦って国に貢献したため、イギリスでは彼の罪は看過されているが、スペインでは重大な残虐行為を犯した海賊として忌み嫌われている。

由に外出できた。スペイン人と戦ってきたことで、彼はイギリスでは非常に人気が高かった。ジャマイカの防御を強化する方法について、政府から助言を求められもした。案の定、最終的に数々の悪事は不問に付され、絞首刑になるどころかナイト爵を授けられて、副総督としてジャマイカへ帰還を果たした。モーガンは今も多くの人から、イギリスにおける最高の戦士のひとりであり、リーダーとしての資質を備えた卓越した軍事策略家と見なされている。スペイン人からすると、彼はスペイン国民に拷問も含め、恐ろしい残虐行為を働いた男だが、一六八八年にジャマイカで死去すると、モーガンは国葬に付された。仲間の海賊にも恩赦が認められたので、彼らは葬儀に出席し、最後の別れを惜しむことができた。

ウィリアム・キッド（一六四五～一七〇一年）

ウィリアム・キッドはスコットランド生まれだが、フランス人が所有する船を攻撃するために、私掠船船長としてニューヨーク総督に雇われた。そして、トマス・テューをはじめ、当時最も有名だった海賊を数名捕らえた。彼の支援者はきわめて協力的で、アドベンチャー・ガレー号を買い与え、装備も整えてくれたが、キッドは満足できず、すぐに自分の思うように改装してしまった。一六九六年、キッドは大西洋を渡って西アフリカへ向かい、そこで東インド会社の船を一隻、ポルトガルの大型船を多数、そして、イギリス船も一隻攻撃した。どうやら彼の海賊に対する姿勢は、海賊を追う立場から、自分が海賊になることへと変化したらしい。彼は捕虜を拷問にかけるだけでなく、自分の乗組員にも頭に金属製のバケツを投げつけて頭蓋骨骨折で死に至らしめたため、敵味方の見境のなく残虐行為におよぶ人間だとうわさされた。良心の呵責など感じることもなかったようで、ついには自分にはイギリスに良いコネを持つ友人がいるので、どんな罪を犯そうが処罰されないとうそぶくようになった。一六九八年にマダガスカルに到着するまでに、自分の船で反乱を起こした乗組員と戦った。彼の所業を耳にした東インド会社が、キャプテン・キッドは海賊だと断定したのも無理からぬことだ。

キャプテン・ウィリアム・キッドが破滅へ向かう最後の航海の前に、イギリス海峡のプリマスサウンドに聖書を埋めている。19世紀の歴史家たちは、この行為が彼の運命を決定したと考えた。

自分の船に火を放って逃走した。アメリカに逃げ込もうと考えて、ボストンの総督に取りなしを依頼したが、総督は取りなすどころか、すぐさま彼を逮捕した。船でイギリスに連れ戻されたキッドは、もともとの支援者たちに罪を負わせて保身を図ろうとした。しかし、この企みは失敗に終わり、キッドは殺人と海賊行為で有罪判決を受け、一七〇一年五月二三日、ロンドンのテムズ川の処刑台で絞首刑に処せられた。一度目はロープが切れたが、執行官の手下がキッドを処刑台まで引きずり戻し、二度目で成功した。キッドの死体はタールを塗られ、鉄の輪をはめられて、川岸の晒し台に吊り下げられた。その後約二〇年間、彼の死体は海賊へのみせしめとして、晒し台に置かれていた。

キャプテン・キッドは、財宝を埋めたと言われる数少ない海賊のひとりだ。どうして財宝を埋めたのがばれたかというと、そのほとんどが発見されたからだ。だから、俺は略奪品を土に埋めるのは勧めない！

レネ・デュゲイ＝トルーアン（一六七三〜一七三六年）

偉大なフランスのコルセア、レネ・デュゲイ＝トルーアンは、少年時代には聖職者になりたいと思っていた。だが、一六歳になる頃には、こうした敬虔な夢はきっぱり捨てて、フランス海軍に入隊した。入隊直後の三か月間はイギリス船に乗り、激しい嵐に耐え、船の火災ではあやうく命を落としそうになった。修道士になっていたらとても味わえない、刺激的な体験だったことだろう！　その後弱冠一八歳で一四門の大砲を備えた私掠船の指揮を任せられているので、上官の覚えもめでたかったようだ。海軍在籍中にイギリス船を五隻以上拿捕したが、一六九四年にイギリス政府に捕まり、プリマスの刑務所に収監された。何とかそこから脱出すると、イギリス海峡（フランス人は「袖」を意味するラ・マンシュ海峡と呼ぶ）のフランス側の海賊の要塞サン・マロに帰り着いた。

一六九六年、デュゲイ＝トルーアンは新しい船で数隻のオランダ船舶を拿捕し、その功績でフランス海軍の司令官となった。さらに活動の範囲を広げて、一七一一年にはブラジルのリオデジャネイロ港を占拠した。一二隻の船と六〇〇〇人の兵士で、敵の四つの砦と二倍の数の守備隊との戦いに臨んだのだから、偉業と言えるだろう。戦いは一一日間続いたが、出資者に初期投資を倍にして返したのだから、それだけの価値はあった。この功績でデュゲイ＝トルーアンは巨額の富を得たが、ぜいたくな暮らしをしてすべて使い果たしてしまっ

サン・マロを描いた19世紀の木版画。サン・マロはイギリス人からは「蜂の巣」と呼ばれていた。1693年にデュゲイ＝トルーアンが火船での攻撃に失敗したときの光景だ。その1年後、イギリスに捕らえられていた彼は脱走に成功する。

た。一七三六年、死に瀕した彼は、国王に宛てて家族への支援を乞う手紙を書いている。

黒髭《ひげ》（一六八〇年頃～一七一八年）

エドワード・ティーチは、史上最も有名な海賊と言っていいだろう。だが、俺はときどき思うんだが、なぜこれほど有名なのだろう。彼の海賊人生はわずか二年間で、命を賭けて戦ったことはほとんどなく、軽装備の船舶を好んで攻撃した。こう言われると、きみは彼のことを、非常に思慮深い人間だと思うかもしれない。おそらくその通りだろう。しかし、不思議なことに、このように称賛に値するほど周到な人物だったにもかかわらず、黒髭はきわめて凶暴な海賊として最もよく知られているのだ。襲撃すれば絞り取れるだけ絞り取ったというのはあくまでもうわさにすぎないのだが、そのうわさとともに彼のイメージはどんどんふくらんでいった。並外れた男だと思われていたが、彼自身もイメージ通りに振る舞うのを好み、可能な限り威圧感を与えるよう努力していた。ふさふさした髪にリボンを編み込み、腰には常に二本の剣を佩《は》き、くすぶっている火縄をうまい具合に耳の後ろにはさんでいた。当然、あだ名の由来となった立派な黒髭をたくわえていることでも知られていた。黒髭は貿易船も客船も襲ったため、北アメリカのノースとサウスの両カロライナ植民地の沿岸地域にとっては脅威だった。彼は抜け目のない策士で、最終的には活動の場を陸上に移した。三〇〇名の海賊団とともに、チャールストン港を封鎖し、多くの人質を取り、補給品が届けられなければ人質を殺すと脅迫した。彼らは身代金目的で数週間にわたり町を封鎖したが、補給品は届けられなかった。それでも、黒髭は人質を殺さなかった。

　黒髭討伐に立ち上がったのは隣のバージニア植民地の総督アレクサンダー・スポッツウッドだった。黒髭が活動していた海域は水深が浅いため、総督は小さな船を二隻購入し、ロバート・メイナード大尉の指揮のもと戦いに派遣した。そして、生死にかかわらず黒髭を捕らえたら、多額の報酬を与えると約束した。夜明けにメイナードの二隻のスループ船〔一本マストの小型帆船〕が近づいてくると、黒髭は自分の船の後を追わせ、巧みに浅瀬に乗り上げるよう仕向けた。だが、メイナードの船は浅瀬から出ると、黒髭の船に迫ってきたため、黒髭の船は座礁してしまった。黒髭はそれまで常に戦いを回避しようとしてきたが、こうなっては戦うしかない。それで、メイナードの船に大砲を撃ち込み、甲板に火災を発生させた。そして、黒髭の手下たちが無謀にも敵船に乗り込んだが、煙の中に生存者はごくわずかしか見当たらなかった。ところが、大勢の海賊が甲板に集まったとき、猛烈な反撃が始まった。甲板の下に隠れていた敵の

黒髭の死を描いたこの絵から、海賊は常に一種のロマンと見なされていたことがわかる。黒髭の名は誰でも知っているが、彼を倒した勇敢な大尉の名を言える人はいるだろうか？

乗組員が不意打ちを仕掛けてきたのだ。黒髭の乗組員はほとんどが投降したが、黒髭は戦い続け、メイナードに向けて銃を発射した。弾は逸れ、応戦したメイナードの銃弾で黒髭は傷を負った。手負いの黒髭には、まだカトラスでメイナードの剣を折るだけの力が残っていた。メイナードは絶体絶命に見えたが、黒髭がとどめを刺しにメイナードに襲いかかったとき、乗組員のひとりが黒髭ののどを切り裂いた。大量に出血しながらも、黒髭はさらに力を振り絞って戦い続けた。後に目撃者は、黒髭の息の根を止めるためには、二五の銃弾と刀傷を浴びせなければならなかったと報告している。黒髭の頭部は切断され、船首に吊り下げられた。メイナードの雇い主に、報酬分の仕事はしたことを知らせるためだ。

バーソロミュー・ロバーツ（一六八二～一七二二年）

ダイヤモンドの十字架を首にかけ、赤い羽根の付いた帽子をかぶるというしゃれたスタイルで知られる、ブラック・バート（黒い準男爵）ことバーソロミュー・ロバーツは、絵に描いたような海賊船長《キャプテン》で、財宝を嗅ぎつける天賦の才を持っていた。事実、同時代の海賊の中で拿捕した船の数は最も多い。海賊船に加わったときに、親から与えられた名前ジョンから改名している。これは政府筋を混乱させ、逮捕を避けるためで、事実彼の海賊人生は順調なスタートを切った。ニューイングランドでポルトガルの護送船を襲撃して得た略奪品を売り払ったあと、ポルトガル船を新しい立派な船と交換してニューファンドランド島に向かった。新しい船はロイヤル・フォーチュン号と名付けられたが、実際、幸運は彼に味方した。わずか四日間のうちに、カリブ海でフランスとイギリスの船舶一五隻とオランダの船舶一隻の積み荷を奪った。その後も精力的に活動を続けていたが、一七二二年、頑丈で十分な装備を持つ海軍フリゲート艦スワロー号が接近してきた。ブラック・バートはそれまでの勝利から自信満々で、乗組員に戦闘の準備をさせてスワロー号に向かっていった。だが、降り注いできたブドウ弾〔当時海軍の大砲で使われていた対人用の散弾〕が彼ののどに命中した。即死だった。ブラック・バートの命運もついに尽きたようだ。

誇らしげに自分の船の前に立つバーソロミュー・ロバーツ。背景には拿捕した商船が見える。チャールズ・ジョンソン著『海賊列伝』に掲載された銅版画。

スティード・ボネットは1718年に、生き残った乗組員もろとも公開の絞首刑に処された。海賊の人生に憧れを抱く人は多いが、多くの海賊の末路はこんなものだ。

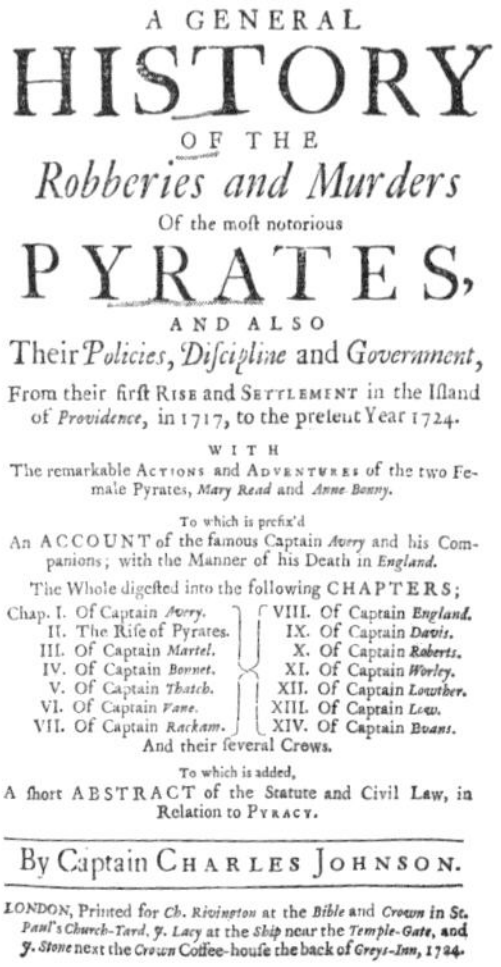

A GENERAL
HISTORY
OF THE
Robberies and Murders
Of the most notorious
PYRATES,
AND ALSO
Their *Policies*, *Discipline* and *Government*,
From their first RISE and SETTLEMENT in the Island of *Providence*, in 1717, to the present Year 1724.
WITH
The remarkable ACTIONS and ADVENTURES of the two Female Pyrates, *Mary Read* and *Anne Bonny*.
To which is prefix'd
An ACCOUNT of the famous Captain *Avery* and his Companions; with the Manner of his Death in *England*.
The Whole digested into the following CHAPTERS;

Chap. I. Of Captain *Avery*.	VIII. Of Captain *England*.
II. The Rise of Pyrates.	IX. Of Captain *Davis*.
III. Of Captain *Martel*.	X. Of Captain *Roberts*.
IV. Of Captain *Bonnet*.	XI. Of Captain *Worley*.
V. Of Captain *Thatch*.	XII. Of Captain *Lowther*.
VI. Of Captain *Vane*.	XIII. Of Captain *Low*.
VII. Of Captain *Rackam*.	XIV. Of Captain *Evans*.

And their several Crews.
To which is added,
A short ABSTRACT of the Statute and Civil Law, in Relation to PYRACY.

By Captain CHARLES JOHNSON.

LONDON, Printed for *Ch. Rivington* at the *Bible* and *Crown* in St. *Paul's Church-Yard*, *J. Lacy* at the *Ship* near the *Temple-Gate*, and *J. Stone* next the *Crown* Coffee-house the back of *Greys-Inn*, 1724.

チャールズ・ジョンソン著『海賊列伝』の原書の扉。原書の初版は1724年頃出版され、たちまち商業的成功を収めた。

スティード・ボネット（一六八八～一七一八年）

チャールズ・ジョンソン船長の卓越した著書『海賊列伝』によると、スティード・ボネットは、かつてはカリブ海のバルバドス島に大農場を所有し、島の民兵隊の少佐でもあったという。残念ながら、これを証明できる人はいない。我々海賊は創造性に富んだ人種なので、自分の業績を「粉飾」する傾向があるからだ。おそらくきみも同類だろう。スティード・ボネットは、一七一八年にはノースカロライナ植民地とサウスカロライナ植民地の沖合で活発に海賊として活動していた。スペイン人との戦いで負傷したが、その直後に黒髭と出会い、自分の船の指揮を彼に託した。ふたりはしばらく一緒に航海していたが、ボネットの乗組員が黒髭の指揮下に入ることを望んだあたりから、海賊生活に幻滅を感じ始めた。それで、イギリスがスペインと戦争状態に入り、私掠船船長になる機会が与えられると、ボネットはその機会に飛びついた。過去の海賊行為に対する恩赦を受け、忠実にスペイン船を襲撃していたが、やがて強欲の虫がふたたび疼き始めた。チャールズタウンの当局はボネットの首に七〇〇ポンドの懸賞金をかけ、サリバン島の港の入口近くで彼とその一味を発見した。ボネットは隠れ家を捨て、数人の手下を連れて川の上流へ逃げたが、追っ手は執拗に追跡し、五時間にわたる戦いが繰り広げられた。その場にいた自分以外の全員が射殺され、ボネットは降伏した。彼はチャールズタウンで裁判にかけられ、必死の自己弁護もむなしく有罪判決を受け、残りの乗組員とともに絞首刑に処された。

サミュエル・ベラミー（一六八九～一七一七年）

ブラック・サムの話はいろいろ耳にしたことがあると思う。ケープコッドでは、サミュエル・ベラミーはみなからブラック・サムと呼ばれていた。頭の後ろで長い髪を黒いひもで縛っていたことからこのあだ名が付いた。髪粉の付いたかつらはしゃれているが、船乗りには何かと不便だ。この髪型は実用本位の選択と言える。その代わり服装には凝り、常に拳銃四丁と剣を一本身につけていた。彼は賢明な戦略家で、おとりの船を差し向けて敵の船をけむに巻き、不意打ちをくらわせた。だが、彼は寛大で情け深い海賊としても知られていた。捕虜を殺害せず、親切に接したので、多くの捕虜が仲間に加わり、彼には「海賊のプリンス」というあだ名も付いた。

ブラック・サムは、偉大な船乗りを多く輩出してきたイギリスのデボン州で生まれた。若い頃にイギリス王室海軍に入隊し、いくつかの戦いに参加したが、一七一五年にアメリカの植民地に移住し、現在はマサチューセッツ州の一部となったケープコッドに落ち着いた。だが、そこに長居はしなかった。最近フロリダ半島の沖合でスペインの財宝運搬船が難破し、莫大な財宝が眠っていると耳にした彼は、その財宝を見つけようと南へ向かった。この宝探しは失敗に終わったため、ブラック・サムは方向転換を決意し、宝探しをやめて海賊になった。彼とその仲間はベンジャミン・ホーニゴールドを船長とするマリアンヌ号に加わった（そこで奇しくも、間もなく黒髭として悪名をとどろかせることになる、例のエドワード・ティーチと出会う）。

ベラミーにはひとかどの人物になるという野心があったが、それをかなえる機会が訪れた。マリアンヌ号の乗組員が、ホーニゴールドが母国イギリス船籍の船を攻撃したがらないことに不満を募らせ、反乱を起こしたのだ。ベラミーは多数決でホーニゴールドを破り、キャプテン・ブラック・サムが誕生した。賢明で公正な船長で、乗組員を民主的な規則に則って統制した。海賊という仕事は、下層階級に生まれた男たちに貧困の悪循環から逃れる機会を提供するものだと信じていた。彼は乗組員を失望させなかった。船長になって一年で五〇隻の船舶への襲撃を成功させたのだ。

一七一七年、ブラック・サムは大型の奴隷運搬船ウィダー・ギャリー号を拿捕した。処女航海からの帰り道で、奴隷売買で得た財宝が積まれていた。ベラミーはキューバとイスパニョーラ島の間の海峡でこの船を三日間追跡し、砲弾が届く距離まで近づいてから、一発砲弾を打ちこんだ。だが、それで十分だった。ウィダー・ギャリー号の船長は降伏の合図として船旗を降ろした。ベラミーは勝利したときはいつも寛大な態度をとるが、このときも自分の船の一隻とウィダー号と交換するという条件を提示して和睦し、ウィダー・ギャリー号を海賊船として再整備

この絵には、ブラック・サムの乗組員がウィダー・ギャリー号に乗り込むときの興奮が表現されている。索具によじ上っている海賊の体の左右には拳銃とカトラスが見える。後方では、旗艦に乗ったブラック・サム・ベラミーの手下が、戦いへの増援部隊を運ぶ小さなボートを準備している。

した。

この船舶は、単にウィダー号と命名され、ブラック・サムの指揮下に入り、ニューイングランドの沖合をめざして北へ進んだ。彼はその後も勝利を続け、一七一七年四月二六日に、多量のマデイラワインを積んだメリー・アン号を拿捕する。この船に何人かの乗組員を残して、彼は再び航海に出発した。だが、その先には災難が待っていた。ブラック・サムの船隊は濃霧の中でばらばらになり、ウィダー号はケープコッド沖で激しい嵐に遭遇した。ハリケーンの強風で、ウィダー号は船首から砂州〔海の中に砂が堆積した地形〕に突っ込み、四〇フィート（約一二メートル）の波の威力にマストが折れ、船の舷《とも》から海水が押し寄せて、たちまち船はブラック・サムと二人を除く乗組員全員もろとも沈没した。メリー・アン号も同じ日の夜に難破した。二隻の船の生存者数名は、海賊行為を行った罪でボストンで裁判にかけられ、そのうち六名は絞首刑に処せられた。これがベラミーの輝かしい海賊人生の悲惨な結末だ。

アン・ボニー（一七〇〇～一七八二年）

アン・ボニーはアイルランド人の弁護士の私生児として生まれ、両親とともに新世界へ移り住んだ。父親は妻と離婚した結果ロンドンで迫害され、仕事も失ってしまった。母親はアンがまだ一〇代のときに腸チフスで亡くなり、父親との関係も、アンが貧しい船乗りのジェームズ・ボニーと恋に落ちたときにこじれてしまった。ふたりはバハマのニュー・プロビデンス島のナッ

アン・ボニーは海賊による襲撃に加わったことがはっきりしている、数少ない女性のひとりだった。

ソーで暮らし始めた。ナッソーは海賊の安息地《パイレーツ・ヘイブン》として知られた町だったが、ここで大胆不敵な海賊たちに囲まれていると、アンはたちまち夫の勇気のなさに幻滅するようになった。そして、多くの男たちとつき合うようになり、中でも海賊船の船長「キャリコ・ジャック」・ラカムと恋仲になった。アンは夫を捨ててラカムの乗組員に加わった。彼らはアンが女だと知っていたが、アンは男装して男のように振る舞い、豪快に酒を飲み、戦ったため、被害者は彼女を男だと思っていた。一七二〇年には悪名高いメアリー・リードが仲間に加わった。リード自身も恐ろしい海賊だったが、乗組員をおだてて、さらに大きな流血事件や暴力沙汰を引き起こした。ところが、その年の一一月、乗組員全員がイギリス王室海軍に捕らえられ、死刑を宣告された。アン・ボニーとメアリー・リードは妊娠しており、刑務所での寛大な処置を願い出たため、死刑は執行されなかった（だが、メアリーは獄中で死亡した）。この有名な女海賊の最期は定かではないが、一説によると、故郷の夫か父親の元へ戻り、平穏な余生を過ごしたと言われている。

戦闘中のジョン・ポール・ジョーンズ船長。片方の手には煙が出ている拳銃、もう片方の手には剣を持っている。この勇敢な私掠船船長は、アメリカ合衆国では海軍の父と称えられている。

ジョン・ポール・ジョーンズ（一七四七～一七九二年）

「降伏だと？　俺はまだ戦いを始めてさえいないぞ！」　これは史上最高の私掠船船長のひとりが、戦いのさなか、降伏を勧められた際に発した心を揺さぶられる言葉だ。彼の名はジョン・ポール・ジョーンズ。スコットランド生まれだが、一七六〇年にバージニア植民地に渡り、そこでアメリカ独立革命の理念と深く関わるようになる。一七七五年にアメリカ海軍中尉としてフランス北部のブレストへ向かい、そこからイギリス船舶を襲撃するよう命令を受けた。三年の間に、彼は陸地でも襲撃を行ったが、その中には故郷のスコットランドも含まれていた。彼の最も大胆な行動のひとつとして、スコットランドのカークーブリでセルカーク伯爵を屋敷から拉致しようと計画したことがある。この行動は、伯爵が外出していることが判明して失敗に終わったかと思えたが、どうにも気持ちが収まらないジョーンズは、伯爵の屋敷から銀を盗み出し、ブレストへの帰途にイギリス船舶を拿捕した。

一七七六年九月一日、彼はアメリカの領海のデラウェアの沖合で、イギリス国籍の捕鯨船を拿捕したあと、スループ船プロビデンス号で戦闘状態に入った。二八門の大砲を積んだイギリスのフリゲート艦ソールベイ号が彼の船を見つけて追跡してきたが、ジョーンズは何とかこの速度の遅い追跡者から逃げ切った。逃走中に、ソールベイ号の船首に旋回砲を一発撃ち込んでいる。その後、私掠船船長としての新しい任務を受け、彼はボノム・リシャール〔「善良なリチャード」の意〕号と命名した船で出航した。この船はもともと商船だったが、軍艦に改造してフランス海軍を支援した。海賊なら誰もが乗りたがるような立派な船だった！

一七七九年、ジョーンズはスコットランドのリースを攻撃するつもり

沈没直前のボノム・リシャール号。ジョン・ポール・ジョーンズとイギリス海軍との激戦のあと、修復不能なまでに損傷した。

で北海に入ったが、悪天候のためこの遠征は中断を余儀なくされた。九月二三日、南へ向かっていたとき、フランボローヘッドの沖合でイギリス艦隊に遭遇した。ボノム・リシャール号とイギリスの先導船セラピス号の間で、緊張をはらんだ膠着状態が続いた。どちらも交渉を受け入れようとせず、船べりをぶつけ合う近接戦になった。ジョーンズがマスケット銃の激しい銃撃に守られながらセラピス号に乗り移り、激戦の火蓋が切って落とされた。ジョーンズが冒頭の有名な言葉を発したのは、この戦いの真っ最中だ。そして、まさに言葉通りの展開となり、ジョーンズは敗北を受け入れるどころか、立派なイギリス船舶を拿捕した。だが、ボノム・リシャール号も戦いで致命的な損傷を受け、乗組員の必死の努力にもかかわらず沈没した。とはいえ、この戦いは偉大な勝利として称賛され、ジョン・ポール・ジョーンズは現在俺たちがアメリカ合衆国と呼ぶ国で、アメリカ海軍の父と評され、大いなる尊敬を受けている。だが、彼は常に冒険を求め、エカテリーナ二世時代のロシア帝国海軍で最後の任務に就き、一七九二年にパリで四五歳の生涯を閉じた。

レイチェル・ウォール（一七六〇～一七八九年）

レイチェルは常に海から呼ばれているように感じていた。一六歳になるとニューイングランドの家族経営の農場を離れ、沿岸部へ向かった。そこで夫となる漁師のジョージ・ウォールと出会い、夫が海に出ている間、しばらくボストンでメイドとして働いた。だが、ほどなくふたりはより刺激的な職業に魅力を感じるようになる。そして、うまの合う船乗りの集団に夫婦で加わり、船舶を盗み、やがて通りかかった堅気の商船を襲い始めた。彼らの策略は、天候が荒れたあと、見るからに大破した船のマストにレイチェルが立ち、大声で助けを求めるというものだ。そして、救助に近づいてくる船に、レイチェルと仲間が襲いかかって略奪した。このやり方で一二隻の船の乗組員をだまして略奪に成功したが、一七八二年、この計画が裏目に出た。船が本当にハリケーンに遭って沈没し、レイチェルを除く全員が溺死してしまった。救助された（芝居ではなく）あと、レイチェルはボストンに戻り、メイドの仕事を再開した。だが、ほどなく再び悪の道に足を踏み入れ、ボストン港に係留されている船の略奪を始めた。しかし、ある船に乗り込んだところを捕まったとき、レイチェルの命運も尽きた。その船で水夫が殺されているのが見つかり、殺人犯として告発されたのだ。一七八九年一〇月八日、レイチェルは海賊であることは認めたが、殺人については無罪を主張した。結局、レイチェルはマサチューセッツ州で絞首刑に処された最後の女性で、ニューイングランドで名を知られた唯一の女海賊だった。

まあ、そういうことだ。海賊、バッカニア、私掠船乗組員は、さまざまな人間の寄り集まりだ。彼らは勇気と狡猾さ、ときにはとてつもない残虐性を示す。ここで取り上げた男や女は、きみが思い描いているような、ロマンにあふれた魅力的な人間ではないかもしれない。そこで、覚えておいてほしいのは、きみが海賊になり、きみのやり方で生きていったとしても、彼らが作った前例に従って評価されるということだ。だから、いつかこのような海賊のリストにきみの名前が挙がる日が来たらどのように評価されたいか、じっくり考えておくといい。

第3章　船上での生活

きみはまだ、海賊とは船を襲撃したり、冒険したりして毎日を過ごしている人という現実離れしたイメージを抱いているだろうか。もしそんな考えでいるなら、ひどく失望することになるだろう。海賊の生活が、先の見えない危険なものであるのは間違いないが、こうした興奮を味わえるのは、きみが海の上で過ごすうちの、ほんのわずかな時間だけだ。日々のほとんどは、割り当てられた単調な役割をこなすことで過ぎていく。その役割は仲間うちでのきみの立ち位置を示すが、おそらく序列の一番下からスタートすることになる。

船上での役割

船の上では、きみは階級型組織の一部になる。船長《キャプテン》が最上位なのは言うまでもないが、船長は乗組員の投票で選出されると知ったら、きみは驚くだろうか。ブラック・サムを思い出してほしい。彼は公正な

前頁：ハワード・パイルが1907年に描いた海賊船長ロバートソン・キーツの絵。パイルは、赤い上着を着て長いサッシュを付けた船長が、揺れる甲板に毅然と立っている姿を描いている。その主な理由は、このようないかにも海賊らしい服装をした海賊を描いたパイルの絵の評判が良かったかららしい。

人間性と生まれ持った正義感が乗組員から支持され、選挙に勝った。船長を選ぶとき、海賊たちは自ら模範を示してくれるリーダーを求める。知識があり、勇敢で、「拳銃の弾《たま》が避けて通る」男でなければならない！　人気があるかどうかは選挙では大して重要ではない。より重要なのは、乗組員からの尊敬を得ていることだ。船長は勇敢さと狡猾さを示し、乗組員の管理や船の舵《かじ》取りの能力を持ち、戦い方を知っていなければならない。バーソロミュー・シャープを例に挙げると、彼は有能な航海士であるだけでなく、乗組員に不屈の勇気と卓越した行動を示した。

船長《キャプテン》の次に高い地位はクォーターマスターで、船長と同様、乗組員の投票で選ばれる。クォーターマスターは保安官に似ていて、その任務は船上の平和の維持だ。最も信頼の厚い乗組員として、口論の仲裁、戦闘前の乗り込み隊の人選、戦利品の監視、船の収支記録を担当し、襲撃が成功した後には財宝の分配も行った。戦利品の

記録や乗組員の借金の管理をしなければならないので、最低でも読み書きや計算の能力が必要だ。「キャリコ・ジャック」ことジョン・ラカムも海賊船の船長になる前はクォーターマスターだった。船長に出世する前にこの役割を経験しておくと、乗組員の面倒をみる良い訓練になるだろう。

一等航海士や二等航海士も重要な役割だ。船長は彼らに、乗組員の訓練などの毎日の仕事の一部を任せる。航海長は操舵手の助けを借りて、実際の航海や帆の上げ下げを監督する。操舵手は船の舵《かじ》取りを担当する。甲板長は船の整備を行うとともに、乗組員の日々の仕事を監督し、食べ物や飲み物の分配に目を配る。砲撃長も海賊船には欠かせない。大砲を扱う海賊を訓練し、火薬や弾薬の供給を管理し、戦闘中は砲撃係に命令を出し、積み荷を略奪したり、敵船からの攻撃から逃れたりする際に大砲が威力を発揮できるよう気を配る。

銃器修理工は船上で実に有用なメンバーだ。腕のいい

18世紀後半の軍艦の断面図。きみのスループ船はこれほど広くないかもしれないが、主な場所——武器庫、居住空間、積み荷や家畜の収納庫、そして、もちろん、おぞましいビルジ〔船底にたまる排水やオイルなどの汚水〕をためておく部屋など——の位置は覚えておく必要がある。

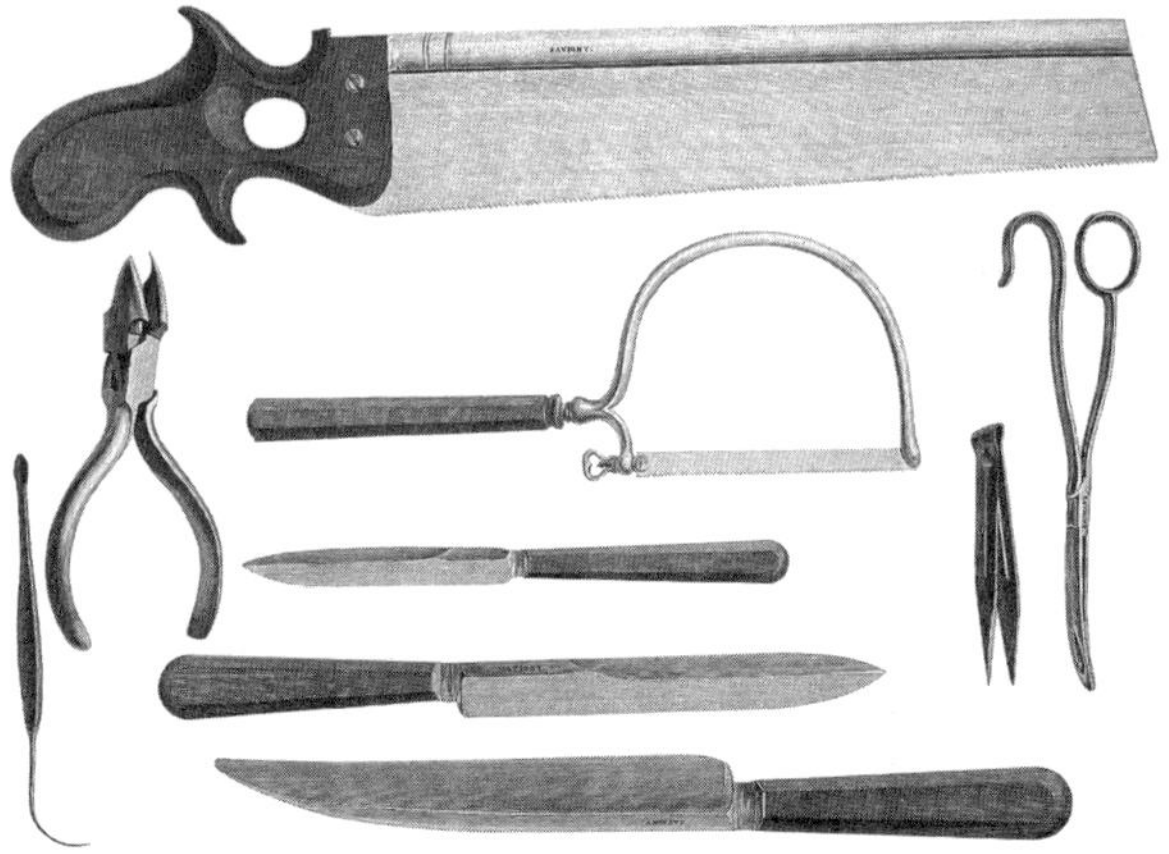

典型的な18世紀の外科医の道具。これだけの道具が揃っていれば、船医が必要に応じて四肢を切断する準備は万全だ。だが、いざとなれば、腹の据わった大工に幅広の鋭い刃物を持たせれば、やってのけるだろう。

銃器修理工は乗組員の武器を整備し、必要があれば修理してくれる。銃器はそれぞれ異なるので、部品が欠けたら、代替品を見つけるのは容易ではない(もちろん、きみは自分の銃をきれいに掃除し、きちんと整備しておく責任がある。この義務を怠ったら罰を受けるだろう)。木造船は常に整備が必要なので、大工がいればとても便利だ。必要な修繕以外に、家具やマストも作ってくれる。敵船を捕獲したら、乗組員に腕のいい大工がいないか目を光らせ、もし見つけたら自分の仲間に引き入れよう。

幸運にも拿捕した船に優秀な船医が乗っていたら、相手の意思がどうであれ、その場で海賊の名簿に加えることだ。相手に悪いと思う必要はない。もしきみの船が当局に捕まっても、船医は解放される。無理やりその役目を負わされたと考えるのが自然だからだ。船に医者がいない場合は、たいていは大工がその役目を担う。このふたつの職業は使う道具が同じだからだ！　それ以外の重要メンバーと言えば料理人だが、俺がこれまで口にしてきた食べ物から判断すると、腕のいい料理人である可能性は低い。船上ではたいてい年を取った乗組員か、障害を負って肉体的にきつい仕事が難しくなった、あるいは、できなくなった者――おそらく大工に手足を奪われたのだろう――が料理を担当する。

　きみの場合、若手《ヤンカー》としてスタートを切ることになる。年下《ヤンガー》と似ているだろう？　それがまさしくきみの立場を暗示している。要するに、平水夫《フォアマストマン》の中で一番の若手ということだ。寝床が船のメインマストの前方《フォア》にあるので、こう呼ばれる。一方、先輩たちの寝床はマストの後ろにある。きみは健康でエネルギッシュでなければならない。なぜなら、命じられるままにマストに上って索具《さくぐ》〔船の帆とマストを支えるロープやワイヤなどの総称〕を取り付け、帆を上げたりたたんだりし、帆桁《ほげた》〔帆柱の上に横に渡した、帆を張るための用材〕を調整しなければならない（ロープを守るため）からだ。きみが高所恐怖症でないことを祈る。年季の入った船乗りが、頭より高い場所でのきみのサルのような働きに合わせてロープを引っぱり、甲板から帆を上げるのを手伝ってくれるだろう。船の進行は帆の適切な上げ下げにかかっているので（オールで漕ぐ船に乗る可能性はとても低い）、きみは目が回るほど忙しくなるだろう。これは良いことだ。怠惰は優秀な船乗りの敵だ。マストにぶら下がっていないときも、甲板を洗ったり磨いたりしてきれいにしなければならない。また、碇《いかり》を上げたり下げたり、暑い日は水漏れを防ぐために板の継ぎ目を塞いでいるコーキングが乾かないよう厚板を濡らしたり、他にも山ほど仕事をこなさなければならない。

それから、クォーターマスターの指揮下にある「左舷当直」の班と、一等航海士の指揮下にある「右舷当直」の班に交代で入るよう求められる。船上では一日は四時間ずつ六つの時間枠に分けられ、正午から翌日の正午までを一日とする。ただし、午後四時から八時までは二時間ずつふたつに分割し、これを「ドッグワッチ」と呼ぶ。こうすることで、一日は七分割になり、船員は毎日同じ時間に同じ仕事をせずにすむ。きみが当直をしているとき、仲間の海賊のひとりがハンモックを吊るして睡眠をとる。きみが休憩の番になれば、その場所にハンモックを吊るして眠る。このように、巨大な機械のような船は、乗組員の労働に支えられ、休むことなく機能し続けるのだ。

こうした役割を、単調でつまらない仕事と考えてはいけない。有益な専門技術が身につき、きみがもっと上の階級に昇進したときに大いに役立つだろう。ただし、努力が必要だ。船の舵取りや砲術のように、長期間の観察と経験を要する技術もある。中でも重要なのは航海術だが、全員が修得するものではない。この技術を習得するには長時間の学習が必要だが、卓越した航海術には、努力して身につける価値は十分にある。基本的な航海術には、島の形を覚えるといったような、目印の使用が含まれる。航海士は目印を覚えるだけでなく、気象パターンも理解できなければならない。例えば、モンスーンと呼ばれる季節ごとの風雨は、東インド諸島を行き

海賊言葉の便利な用語集

きみは今のところ、まだ「ヤンカー（海賊の若手）」として始動していないだろうが、海賊独特の話し言葉を学ぶのに早過ぎるということはない。海賊生活を送っていれば、次のような専門用語とまでは言えない、独特の言い回しに自然に慣れていくだろう。だが、前もって覚えておけば、キャプテンとの面接に役立つかもしれない。


アホイ！＝「やあ、元気かい！」

アイ、アイ、サー！＝「了解！」

アバスト・ビハインド！＝「おい、あれを見ろ！」

アー！＝意味は何もない。どんな会話にでも、好きに挟めばいい。（「アーッ！」と混同してはいけない。これはきわめて不愉快な出来事に遭遇したときの表現だ）

ヨーホーホー！＝「今日はご機嫌だぜ！」

スライス・ザ・メインブレース！＝「みんな、飲もうぜ！」

バッテン・ダウン・ザ・ハッチィズ！＝「天気が荒れそうだ」

シヴァ・ミー・ティンバーズ！＝「何てこった！」思いがけずひどい状況に遭遇したときに発する言葉。

スマーティー、ラッド／ラス！＝「とにかく、急げ！」

ピーシーズ・オブ・エイト！＝要するに「お金」を意味する言葉だが、オウムが口にする言葉として有名〔ロバート・L・スティーヴンソン著『宝島』にオウムがこの言葉を口にする場面がある。当時のスペインの八レアル銀貨を指す〕。

来する船の方向と所要時間に影響を与える。また、南北アメリカ大陸を航行するスペインの財宝運搬船のスケジュールは、盛夏から秋にかけて、ハリケーンの影響を受ける危険性を最小限にするよう調整される。このような気象パターンを認識することで、海賊はきわめて効率よく攻撃計画を立てることができる。

海賊の服装

このへんで、船の上では何を着ればいいかという重要な問題に目を向けよう。だが、その答えは、きみが思っているほど明確ではない。長く垂れた赤いサッシュはどうでしょう？　スペイン風のバンダナは？　ときみは尋ねたいようだが、俺からすると、海賊小説の読み過ぎだ。ブラック・バートは海賊にしてはダンディで、海賊たちは彼がいかに派手に着飾っていたかをよく話題にする。深紅色のベスト、赤い羽根飾りがついた帽子、サッシュからぶら下げた二丁の拳銃のことを、うらやましげにね。だが、ブラック・バートは例外だ。まず心得ておくべきなのは、きみは船長ではないということだ。きつい肉体労働を山ほどやらねばならない。高いマストの上で危うくバランスを取っているときに、ぴったりしたベストや長いサッシュは邪魔になるだけで、良い選択とは言えない。船乗りの服装は実用的でシンプルなのが一番だ。長ズボンにゆったりしたシャツ、それに汗をよく吸うハンカチを頭に巻いておくといい。耐久性のあるリネンや目の詰んだウール地の服がお勧めだ。派手な色はどうかって？　まったく問題ない。だが、服はしょっちゅうびしょ濡れになるので、鉄製のバックルなどは錆びるから避けた方がいい。革のブーツは、きみに買える余裕があったとしても、役に立つのは極寒の天候のときぐらいだ。たいていは裸足の方が快適だ。それから、服には船にあるタールを塗っておくと防水になる。イギリス王室海軍ではみなそうしていて、水兵が「ジャック・タール」と呼ばれるのもそのためだ。

当然だが、高温多湿の地域で活動することも多いので、気候に合わせて服装を調節する必要がある。多くの海賊は、気温の高い地域へ向かうときは、雨が多く肌寒いイギリスではいているウールのズボンは捨てて、ペチコート・ブリーチズと呼ばれる服を愛用している。これはゆ

このブラック・バートの絵は、チャールズ・ジョンソン著『海賊列伝』の挿絵として描かれたもので、彼の服装へのこだわりが見てとれる。リボンと高級な服で身を飾り、頭は三角帽子できめている。彼は抜群のセンスと、その趣味にかける財力を持つ海賊として名高かった。

とりのあるだぼだぼの丈の短いズボンで、脚の部分の幅が広くて風が通る。ほとんどの場合、服装はこのように実用面を考えて選べばいい。船長が良い人なら、食べ物だけでなく衣服も、きみが不自由しないように取り計らってくれるだろう。ブラック・バートは船を拿捕したときはいつも、乗組員に分ける戦利品のリストに新しい衣服も入れていた。とはいえ、衣服の修繕は自分でやらなければいけない。だから、糸と針は持っていた方が何かと便利だ。衣服の洗濯も重要だ。垢を落とすために嵐に身をさらしたり、海に浸かったりする怠惰な海賊のまねをしないように。

お次は装飾品だ。イヤリングはよく身につけている。水夫には迷信深い者が多く、耳たぶに穴をあけると視力が良くなると信じている。だが、イヤリングには実用的な意味もある。金や

より現実的な海賊の服装。暖かい気候では、ゆったりしただぼだぼのシャツとズボンが温度と湿度をやりすごすのに適している。サッシュを腰に巻くのであれば、それは拳銃を保持するという実用的な目的のためだ。

銀のイヤリングをつけていたら、どこで死んだとしても、仲間に葬式代を残すことができるというわけだ。船長はたぶん、三角帽子《トリコーン》とか、地位を示す帽子をかぶっているだろう。きみの場合、毛糸の帽子をかぶっていれば、夜でも暖かい。だが、戦いになると、これでは防御にならない。山高帽は見てくれもいいし、頑丈だ。日よけになるだけでなく、敵が振り下ろした刀を受け止めてくれるはずだ。

海上での病気

海賊船には汚物があふれている。しかも、基本的な衛生観念が欠如しているため、海賊は重い病気にかかる可能性が高い。食中毒は珍しいことではない。とうに賞味期限が過ぎた食べ物を口にして食あたりになるのを防ぐため、木炭を食べる海賊もいる。船にはネズミが許可なく乗りこんでいるので、多くの海賊船には、ネズミとネズミが持ちこむノミがはびこってい

船での生活にネズミは付きものだ。この密航者には旅の始まりから悩まされる。そして、航海を続けるうちに、どれだけ退治しようが増え続けることに気づくだろう！

る。ネズミは自然界の偉大なサバイバーで、なぜか殺しても殺しても増える一方だ（何だか海賊によく似ていると思わないか?）。スペインのガレオン船の船長が、一回の航海で四〇〇匹以上のネズミを殺したと記録している。ハンモックで寝ている間に、ネズミが顔の上を這っていくこともある。ネズミだけでなく、シラミもいる。シラミはきみの汚れた服の中で人生を謳歌している。そして、ゴキブリだ。カリブ海では、きみは船でゴキブリが這っているのを見て驚くだろう。だが、ヨーロッパへの帰り道に寒冷な地域を通ると、ゴキブリはあっという間に全滅するので、小さな死骸を海へ掃き出してしまえばいい。これらの害虫に咬まれると、激しいかゆみに襲われる場合がある。それは医者が疥癬《かいせん》と呼ぶ病気だ。

多くの海賊は、衣服をぼろ布としか呼べなくなるまで着る。包帯も同じだが、そのせいで病気が伝染して長引く傾向がある。以下に、きみがかかる可能性が高い、最も一般的な病気を挙げておく。

振戦譫妄《しんせんせんもう》

これは幻覚を特徴とする疾患だ。つまり、実際にはそこにないものが見える。この病気にかかった男たちは、しばしば美しい人魚が現れたと言い張る。もし本当なら、船乗り《シードッグ》ほど幸運な仕事はないのだが。理性を失いたくないなら、アル中にならないように気をつけよう。この重篤な症状は、多量に酒を飲み続けたあとの禁断症状のひとつだ。

振戦譫妄に襲われた人は、美しい人魚が自分のあとをつけてくると思い込んでしまうようだ。だが、そんな話を真に受けてはいけない。そして、何より重要なのは、きみ自身がラム酒を飲み過ぎないことだ。飲んだくれの船乗りは、人魚を見る傾向が強いらしい。

壊血病

歯が抜け出したり、肌が青白くなったり、脚がむくんだり、船に取り付けられた小便器に頻繁に駆け込むようになったら、壊血病を疑うべきだ。長い航海の間に船乗りが壊血病にかかるのは昔はよくある話だったが、近年になって、レモンやライムといったビタミンCを多く含む果物を食べれば防げることがわかってきた。

*編集者注：一七九五年、イギリス王室海軍は壊血病を防ぐために、水兵へのライムジュースの供給を開始した。アメリカ人がイギリス水兵をライミーズ（Limeys）と呼ぶのはそのためだ。

破傷風による開口障害

これはあまり見かけない、奇妙で珍しい症状だ。口がけいれんして開けられなくなるため、この病気にかかった人は話すことも食べることもできなくなり、最終的に死に至る。

鉛疝痛《えんせんつう》

症状としては、腹部に激しい痛みを感じる。なんでも鉛の毒によって引き起こされると聞いたことがある。

壊血病にかからないためには、このガレオン船の乗組員のように、
船に十分なかんきつ類を積み込んでおくといい。

躁病

この状態はもっとなじみのある名称で知られている。発狂だ。何か月も海の上で暮らしていると、神経の細い人は躁病の発作を起こすようになる。この病気にかかると、さっきの人魚のように、実際にないものが見え始める。また、幻覚が起こると船が攻撃を受けていると思い込み、ひどく怯える。治療法はないが、発作が起きたときは、他の乗組員の迷惑にならないように、落ち着くまで押さえつけておく必要がある。

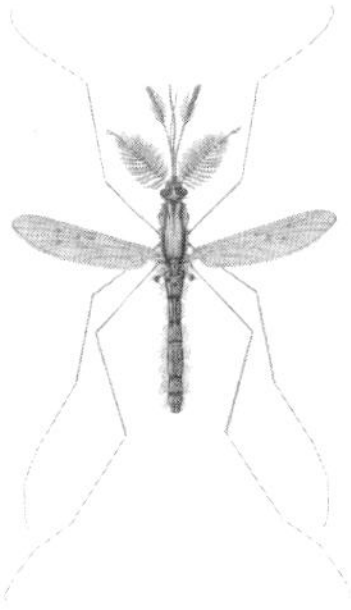

イギリス原産の、恐ろしい熱病のウイルスを運ぶ蚊。多くの船乗りに悲惨な状態をもたらした。

ブロンズ・ジョンまたはイエロージャケット

我々海賊は、恐ろしい黄熱病をこう呼ぶ。黄熱病は腹部の激痛、筋肉痛、頭痛から始まり、やがて肝臓にダメージを与えて肌が黄色くなることからこの名が付いた。この死に至る病を避けるには、スパニッシュ・メインをはじめとする熱帯地方では蚊にさされないよう注意することだ。この病気は人によって症状の重さが異なる。きみは軽い症状ですんでも、同じ船の仲間が命を落とすこともある。今のところ治療法はないので、成り行きに任せるしかない。とにかく、かからないのが一番だ。

船上の医療

もしこうした病気にかかったら、船医を探そう。たいてい船首付近に医務室がある。そこに行けば、どんな症状にせよ、治療薬があるはずだ。だが、言っておくが、船上では事故に遭う危険性がきわめて高い。船が傾いて大砲が滑ってきたり、積み荷が崩れたり、他の船に侵略されて大混乱になったりして、手足を骨折することもある。こうしたケガの手当をするのは船医の役目だ。必要に応じて手足の切断もやってくれる。手足を切断されるのは、言うまでもなく、快適な体験ではない。腕や脚を失うはめになった不運な海賊は、痛みを和らげるためにラム酒を一杯あおっただけで手術に臨む。そのため、手術は迅速に済ませる必要がある。一〇分以内に終わらなければ、海賊は出血多量で死んでしまう。船医は鋭い斧の刃を使って手足を切断し、それから斧の刃の平たい面を熱して、傷口に当てて止血する。もしきみの船に、どんなヤブであれ、船医が乗っていなければ、大工か料理人の出番だ。「刃物」の扱いに慣れていて、丈夫な胃袋の持ち主であれば何とかなる。

船上の食事

「ベリー・ティンバーなくして冒険は成立しない」と、『海賊列伝』の著者チャールズ・ジョンソンは書いている。海賊は船上での食べ物を「ベリー・ティンバー」〔「腹の足し」のようなニュアンス〕と呼ぶ。

海賊の生活では、食事に関しては期待しないほうがいい。ビスケットは固すぎて歯が折れるので、飲み込めるようになるまで何時間も水に浸してふやかしておくという話を聞いたことがあるだろうか。あるいは、やはりビスケットの話だが、ゾウムシがわいているので、食べると口の中がモゾモゾするというのは?

だが、心配してもしかたがない。運が良ければ、海賊船では陸地にいるときより体に良い食事ができることもある。極端な話をすると、その場にあるものを食べるしかないときもある。そのひとつが、孤島に置き去りにされたときだ。一六七〇年にヘンリー・モーガンの船がカリブ海の孤島で座礁したとき、乗組員は空腹のあまり、最後の手段としてカバンの革をはがして食べたという。ある乗組員の記録によると、その最高の料理法は、小さく切って水に浸け、叩いてやわらかくするというものだそうだ。つまりは、水でふやかしたものをごく小さく切り分けて、直火で焼くか網焼きにして食べるのだろう。しかし、俺としては、きみが革を食べずにすむことを願っている。逆風や無風が続いて、大海原で船が進まなくなったときも、厳しい状況に陥る。こういう状況では、たいていは船長が食べ物や水を分配してくれる。

一六八〇年、この窮状に直面したバッカニアの集団は、他の船から一パイント（約五〇〇ミリリットル）の水をスペイン銀貨三〇枚で買ったそうだ。このことからも、乗組員にとっていかに絶望的な状況かがわかるだろう！　海賊が意図した目的地にたどり着けなかったときも配給が実施される。ブラック・バートと彼の二隻の船舶、ロイヤル・フォーチュン号とグッド・

フォーチュン号が、休憩を取って船の整備を行う予定にしていた島を誤って通り過ぎてしまったときがそうだ。大樽一個分（六三ガロン、約二四〇リットル）の水では、一三〇人の乗組員に分けるにはとても足りなかった。しかも食べ物は塩漬けだったので、なおさらのどが乾いた。

だが、やる気をなくさないでほしい。これほど絶望的な状況はきわめてまれだ。海賊船の船長もバカではない。乗組員の腹を満たしておけば反乱を起こす可能性は低いとわかっている。それに、きみは十中八九長い航海になりそうな仕事は引き受けないだろう。むしろ、ちょくちょくどこかの港に立ち寄ったり、襲撃の合間に海賊で賑わう港町ではめをはずしたりできる仕事を選ぶだろうから、豊富な食べ物を補給する機会はひんぱんにある。それにもちろん、襲った船から世界各地の珍しい食べ物をせしめることも可能だ。スペイン船の乗組員は、スパニッシュ・メイン沿いの貿易港が繁栄しているおかげで、とりわけ食べ物には恵まれている。だから、スペイン

きみが保存食を分かち合うことになるヤシオオサゾウムシの一生の各段階。

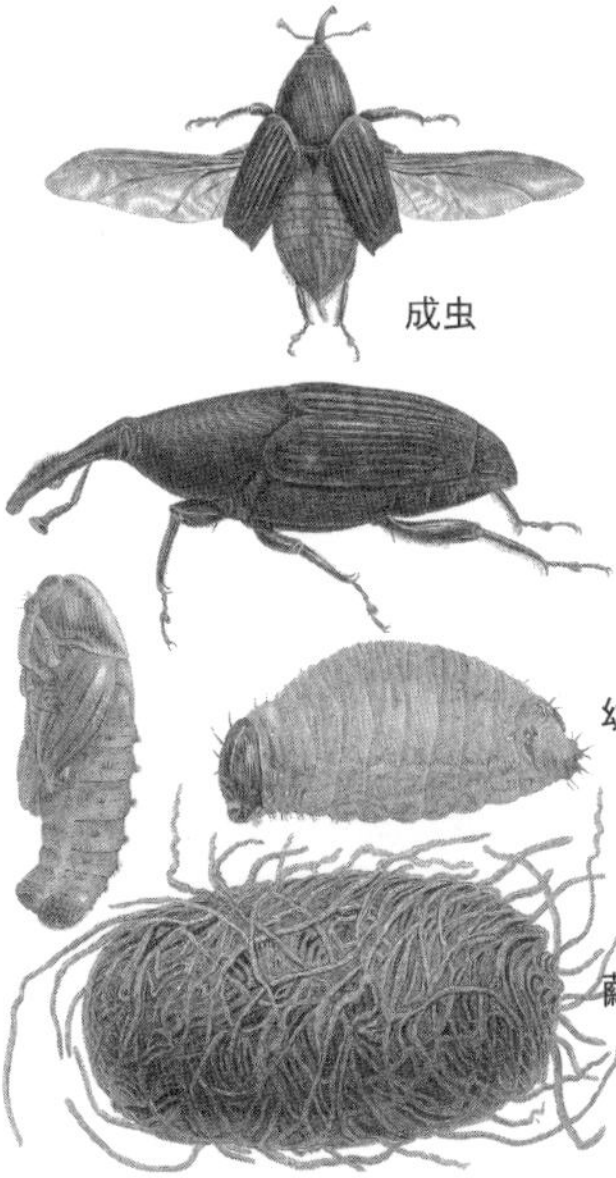

船を拿捕したなら、必ず美味なオリーブ油の甕《かめ》もいくつか失敬してくるといい。

本書の冒頭で、バッカニアという名は、仕留めたばかりの獲物の肉をバーベキュー用のグリルで焼いたり燻製にしたりして、通りすがりの船に売ったブカニエ（ブカンを使う人々）に由来すると書いた。この肉は美味い！　これを作るには、肉片を洗い、燻《いぶ》して、船上で長持ちするように乾燥させなければならない。食べられるようになるまで、時間も手間もかかる。それでも、これがあれば飢えることも、歯が欠けることもない。いつでも肉をビール――水より安全だ――で流し込める。それに、北の方へ行けばブランデーがあるし、南北アメリカ大陸にはラム酒がたっぷりある。西インド諸島へ向かう人（海賊も含め）の多くは、ラム酒にライム果汁と砂糖を混ぜたラムパンチを味わえる。単にパンチと呼ばれる飲み物を出されたら、ブランデーと水を混ぜたものに、地元のスパイスや果物が加えられていることが多い。ワインはと言うと、「レッド・サック」とも呼ばれるポルトガル産のマデイラワインは、カリブ海地域でも流通しているので、船上でもたっぷり飲めるはずだ。これにレモン果汁とスパイスを加えれば、サングリアになる。「フリップ」を提供されることもあるだろう。これは砂糖とラム酒を混ぜたアルコール度の高い酒に、熱した鉄球を入れて熱くした飲み物だ。バッカニアはラム酒に火薬を混ぜて飲むと言ううわさがあるが、試すのはやめておいた方がいい。まったくの作り話だし、言うまでもなく、体に悪い。

ウミガメを食べたことがあるだろうか？　これは非常にうまい。実際、あまりに美味なので、

1823年、西インドのラム酒の製造所。ラム酒は海賊の間で人気がある飲み物だ。

故国へ持って帰って王への贈り物にしようと、人々は航海中にウミガメをたくさん捕る。しかし、船が港に入ったときには、ウミガメはすべて食べられている！ウミガメの背中の肉は背肉と呼ばれ、茹でてウミガメのスープにすることが多い。甲羅から下の肉は腹肉と呼ばれ、あぶり焼きにしたり、オーブンで焼いたりすると格別だ。ウミガメは甲板で飼えるので、いつでも新鮮な肉が食べられる。ウミガメの卵も美味だ。カリブ海地域にはウミガメがウヨウヨしている。泳ぐのはとても速いが、陸地では簡単に捕まえられる。捕まえたらすぐにひっくり返すのがコツだ。仰向けにされると、ウミガメはもう逃げられない。

ウミガメの生息地以外の地域へ行ったら、牛肉、豚肉、それにいろんな魚でもてなしてもらえるだろう。茹でたサメもなかなかイケる。ジャガイモは長く保存できないので、航海中はあまり口にできないだろう。だが、熱帯地域なら、コーンブレッドやキャッサバ、それにバナナやオレンジ（壊血病の予防にたくさん食べよう）がある。運が良ければ、チョコレートも手に入るかもしれない……。

最後に、よく出てくるのがソロモン・ガンディだ。サルマガンディとも呼ばれる肉入りサラダで、簡単に作れるし、材料も思いつく限りほとんど何でも放り込めばいい。きみもすぐにこの料理に慣れるだろう。船には生きた動物も積み込まれるので、肉には不自由しない。ニワトリは後甲板の鶏小屋で飼育され、豚やカメ、ヤギは主甲板で放し飼いにされている。ただし、後始末はきちんとやっておくこと。

相棒はオウム

当然のことながら、我々は船の中で殺して食べるために動物を飼っている。だが、ペットとして動物を飼えば、船上の生活に張り合いが出るだろう。一般的なイメージとして、海賊と言えばオウムだが、それにはもっともな理由がある。忠実で、肩に乗り、教えれば言葉を話す相棒がいると、海賊船の乗組員として激務をこな

ウミガメは海では敏捷に泳ぐが、陸に上がると捕まえやすく、美味な肉を提供してくれる。

す生活の良い気晴らしになるだろう。オウムは船員仲間にも愛嬌を振りまくので、きみも人気者になれるだろう。オウムは人なつっこく、乗組員を攻撃したりしない。船上の生活にうまく適応して、船内を飛び回ったり、索具《さくぐ》に留まったりする。困難な状況では食べ物は貴重になるが、オウムは小食だし、餌は船で保存しやすいものばかりだ。オウムの餌としてナッツ類は欠かせないが、ナッツは人間の体にも良い。スパニッシュ・メインでは熱帯の果物が豊富だが、アボカドは鳥には害があるので、オウムに与えてはいけない。逆に言うと、オウムは小さな鳥なので、たとえ船上で食料が枯渇しても、誰もオウムを食べようとは思わないだろう。オウムを手にいれるのに最適なのは、立ち寄ったアフリカか南アメリカ沖の、手つかずの自然が残っている無人島だ。オウムには三〇〇以上の種類があるが、俺のお勧めはコンゴウインコだ。非常に頭が良くて、芸を仕込まれたり、言葉を覚えたりするのが何より好きな鳥だ。健康なコンゴウインコは三〇年も生きる。可愛がってやると、オウムは肩に乗るので、本物の海賊らしく見える。また、海賊船ではネズミを捕らせるためにネコを飼うことも多いが、きみのオウムがネコに殺されな

オウムは海賊の良いペットになる。その色鮮やかな羽毛を見るだけで船上の生活が明るくなる。しかも、オウムはきわめて愛想の良い鳥だ。

いよう注意しよう。犬は船で飼うには向かないが、サルは候補のひとつだ。俺が知っているだけでも、多くの乗組員がサルを飼って、うまくやっている。

タトゥーには要注意

人々が海賊と結びつけるのはオウムだけではない。きみが海賊になったと知ったら、誰もがタトゥーを見せてくれと言うだろう。だが、俺はここで警告を発しておきたい。肩にオウムを乗せるのはいいが、もしタトゥーを入れたなら、それは一生消せないことを覚えておいてほしい。ある夜浮かれた気分でポート・ロイヤルへ繰り出して、軽いノリで入れたのではないだろうか（図柄を選んだときのことを思い出せるだろうか？）。一人ひとりデザインが異なるタトゥーは、万一逮捕されたときには、当局にとって非常に便利な識別情報になると心に留めておくといい。背中にタトゥーで名前を入れたりしたら、逮捕されたときに自分は別人だと主張してもウソが丸わかりだ。しかし、タトゥーを入れると心に決めているなら、何を入れるのがいいか考えよ

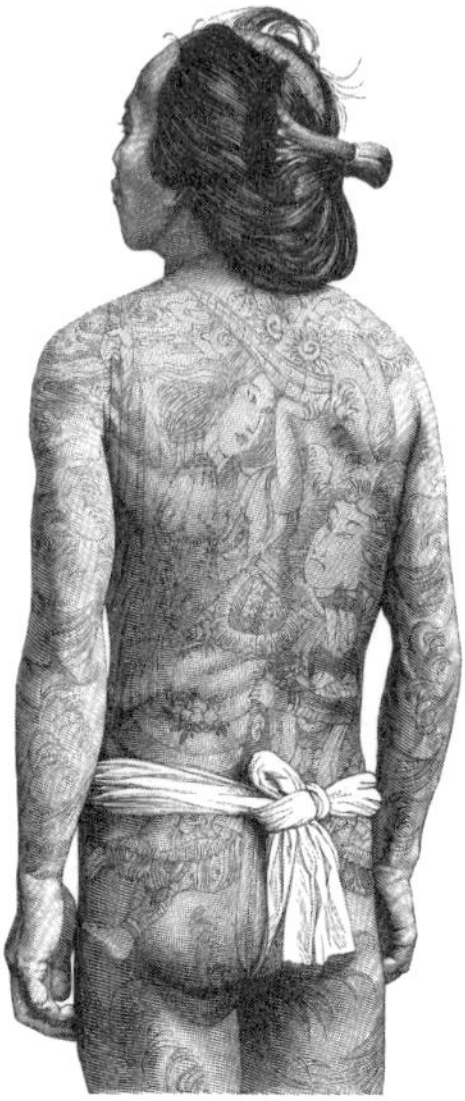

日本の海賊が入れているタトゥーの図柄は、目を見張るほど複雑で洗練されている。

う。シンプルな碇《いかり》とか、ありふれたデザインがいいだろう。だが、「フランス人に死を！」などと過激な文字を加えたら、フランス警察に捕まったときに短慮を後悔することになるだろう。日本の海賊が入れているタトゥーは実に見事で、まるで歩く美術館のようだ。

海賊の生活に潜む危険

海賊の生活はとても楽しそうに見えるかもしれない。平穏な場面を想像してみよう。きみは船の生活になじんで幸せそうだ。乗組員の中での自分の立場も心得ている。何とか壊血病にもかからず、どこへ移動するかわからない大砲の下敷きにもならずにすんでいる。趣味の良いタトゥーを入れた肩にはオウムが乗っている。だが、この状況は急激に変化するので、油断してはいけない。海には多くの危険が潜んでいるのだ。

例えば、カリブ海のラスアベス諸島南端の水面の一〇メートル下には、約五キロにわたってサンゴ礁が広がっているが、夜目には見えない。一六七八年五月一一日の日没後、一隻のフランス艦隊がこの島に近づいた。先頭の船の船首が水面下の岩とサンゴ礁にぶつかると、船首はまるで卵の殻のように砕けた。乗組員は足をすくわれ、索具《さくぐ》や帆桁《ほげた》が甲板に倒れてきて、わずか三〇秒で旗艦は破壊されてしまった。おそらく、船上の生活を最もうまく表現しているのは、イギリスの文学者サミュエル・ジョンソンの言葉だろう。「船に乗るのは、溺死する可能性がある刑務所に入るようなものだ」

きみは思ってもいないだろうが、火事に遭う危険も高い。船は木でできているし、タール、麻布、帆布がそこら中に置かれている。燃えやすいものばかりだ。火薬が投げ込まれたら、きわめて危険な状況になる。タバコを吸ううっかり者の海賊や、他のガレー船から流れてきた燃えかす、倒れたろうそくなどは、恐ろしい火災の原因となる。ガレー船ウィンダム号で奴隷貿易を行っていたウィリアム・スネルグレイブは、一七一九年に海賊船に拿捕されたが、捕虜になっていた間の出来事を回想してこう述べている。ある船乗りが樽からラム酒を注ごうとしたとき、火の付いたろうそくが落ちて樽の栓口に当たった。すると、ラム酒の樽に引火し、あっという間にふたつ目の樽に燃え広がった。樽は爆発したが、幸い近くのタールやピッチ〔石炭や木材を乾留したあとに残る黒褐色の粘着物〕の貯蔵所には燃え移らずに済んだ。もし燃え移っていたら、船は壊滅を免れなかっただろう。船乗りが火事を恐れるのも当然だ。

突然の嵐

きみは追い風に乗って航海を続けている。空は青く、海は藍色だ。太陽は輝き、きみは帆桁《ほげた》の上に立ち、肌に太陽のぬくもりを感じている。この上なくのどかな状況だ。だが、その後何の前触れもなく、雲が厚くなって太陽を覆い、あたりが急に暗くなる。静かだった海面は風にかき回され、突然怒り狂った山のような大波が立つ。索具は濡れてつかみにくく、甲板は滑ってまともに歩けなくなる。風にあおられた雨が石のつぶてのように顔に打ちつける。さらに、大きな波がきみに襲いかかり、船が持ち上げられて四五度傾いたかと思うと、体中の骨がきしむような力で、再び海面に叩きつけられる。

このように、海上では天候は急変する。甲板にあるものはすべて縛り付けておくといい。そうすれば海に流されたり、甲板の端から端まで転がったり、その途中で何かに——あるいは誰かに——ぶつかったりせずにすむ。これも訓練が欠かせない。これほど寒い思いをすることも、びしょ濡れになることも他ではまずないだろう。何かつかめるものを探して、必死につかまっているしかない！

嵐の中の航行は、どれほど経験を積んだ海賊でも恐ろしい。帆桁も、帆綱《ほづな》も、ブレース〔帆桁の先端に付けたロープ〕も、索具も、まるで斧で切り落とされたかのように海にさらわれてしまう。乗組員も滑りやすい甲板を転がったり、船外

天候の急変に耐えきれなかったオランダ船を描いた絵。後方に見える護衛艦隊が、散り散りになった生存者に希望を与えている。単独で航海する船にはこのような安全網はない。

に放り出されたりする。船外に落ちたら、おそらく溺死するしかない。船は簡単に止まれないし、たとえ海が穏やかになったとしても、乗組員が船を操作して戻るまでに、すでに海の藻屑となっているだろう。

気も船も沈む話

幸いなことに、船は滅多なことでは沈まない。砲弾にやられても、船が沈むほど大きな穴が開く可能性は低いし、火災が発生しても、船が沈没するほどの大火事になるのはまれだ。だが、船が嵐に遭遇し、原形をとどめぬほど大破して、難破する可能性はある。船が沈没したら、何か浮いているものにつかまることだ。きみは泳げるんだろう？　だったら、海での主な危険はふたつだ。ひとつは、冷たい海の中で凍死することだ。溺死する前に、抗いがたい眠気が襲ってくる。また、温かい海の中ではサメに襲われる危険がある。サメに襲われたなら、身を守る術はない。陸地の近くで嵐に遭った場合は、運が良ければ海岸に漂着できるかもしれないが、岩に激突する危険もある。

災難を予見する

このような大惨事を避けるにはどうすればいいか。簡単なことだ。悪運を示唆する前兆に注意を払うのだ。出発の準備をしているときは、カレンダーを確認しよう。船乗りは金曜日に船出をするのを嫌がる。一三日の金曜日に出港するとなると、縁起の悪さは倍になる。しかしながら、どの月であれ、一七日と二九日は船出に良い日とされている。

南方の海を航行していると、アホウドリを見かけるだろう。アホウドリは、死んだ船乗りの行き場のない魂だと言われている。そして、自分を殺した海賊に災いあれと願っているので、復讐の嵐が襲いかかるのだ。災難を避けるためには、殺人者である海賊の首にアホウドリの死骸をぶら下げ、嵐が去るまで飲まず食わずでメインマストに縛り付けておかねばならない。ウミツバメ、またの名を「マザー・ケアリーのニワトリ」を嵐の前兆として警戒する者もいる。マザー・ケアリーはマザー・オブ・ゴッド（聖母マリア）に由来し、船乗りを守り、嵐の襲来を知らせる

サミュエル・テイラー・コールリッジ著『老水夫の歌／老水夫行』の挿絵には、アホウドリを殺したために仲間の乗組員に災難をもたらしたと思われている男の悔悟が描かれている。

ためにウミツバメを遣わすと言われている。これらの鳥には、アホウドリ同様死んだ船乗りの魂が宿っているので、鳥を殺せば、仲間の船乗りを殺したのと同じことだ。だから、この鳥を殺した船乗りは死ぬことになる。

　サメとウミガメも悪運と結び付いている。ウミガメを食べる機会があると思うが、ウミガメを殺しておきながら食べないのは非常に縁起が悪い。しかしながら、ウミガメの骨をポケットに入れて持ち歩くと、幸運に恵まれるそうだ。サメが船の後を追ってきたら、乗組員の誰かが死ぬ前兆だと言われている。サメは、餌が運命の手に委ねられるのを忍耐強く待っているのだ。サメと同様に、マンタ〔熱帯に生息する大型のエイ〕も不吉な魚だ。船乗りたちは、この魚は船の碇《いかり》に取りついて、船を海中に引きずり込むと信じている。

青いサメが沈みゆく船の周りを泳いでいる。生存者にとって絶望的な状況だ。

多くの航海船には船首像《フィギュアヘッド》〔船首を飾る木彫りの像〕が取り付けられていて、船首像がある限り船は沈まないと信じられている。伝説によると、大嵐の最中に、女性が胸をあらわにしたら嵐が静まったという。そのため、船首像には胸をはだけた女性が彫られているものが多い。

また、聖エルモの名でも知られている聖エラスムスは、残酷な拷問を受けて殉教した。死の直前、船が嵐に遭って乗組員が助けを求めたら、自分は必ず戻ってきて、何らかの形で姿を現すと約束した。それから間もなく、水夫たちはマストの先端部に不思議な光を見た。そして、聖エラスムスが約束を違えず、彼らが溺れないように守ってくれるのだと思った。嵐の最中に、船のマストや帆桁《ほげた》の回りに見える明るい光が聖エルモの火と呼ばれるのには、こういう由来がある。ただし、この光は稲妻だと言う人もいる。この火の出現は、嵐の最悪の時が去った印であり、マストの先に光が宿っている限り幸運が訪れると、船乗りたちは信じている。だが、もし甲板の上が明るく光っていたら悪いことが起こる兆候であり、誰かの頭の上に光が出現すると、その人はまもなく死ぬと言われている。このように、船乗りの世界には結構迷信が多い。

人魚との出会い

長い航海に出ると、さまざまな奇妙な光景を見ることがあるが、最も驚くべきものは人魚だ。たいていは、長いブロンドの髪と豊かな胸を持つ若くて美しい女性の姿で現れるが、腰から下は魚だ。厄介なのはそれだけではない。人魚は昔から、嵐、溺死、難破といった物騒な出来事

聖エルモの火と呼ばれる現象で、嵐のさなかにマストの先端部が発光している。

と結びつけられている。だから、人魚を見たら、何か恐ろしいことがやってくるという警告かもしれない。あるいは、きみは単に人魚と恋に落ちるかもしれない。ただし、泣く子も黙る海賊が、人魚と恋仲になったという話は聞いたことがない。有名なクリストファー・コロンブスは、一四九三年に三人の人魚を見たと報告しているが、期待していたほど美しくなかったと書いているので、遠くから大きなアザラシのような生き物を見ただけかもしれない。黒髭は凶暴な海賊ではあったが、人魚は実在すると固く信じていた。そして、航海中に、人魚は悪運しかもたらさないので、人魚が魔法をかけた地域には近づかないよう乗組員に命じることもあった。

第4章　海賊の必需品

ここまで読めば、きみが身を投じようとしている世界がどんなところか、だいたいわかったと思う。海賊の生活とはどんなものか、どんな危険があるのかもわかった。これからより具体的な話をしていこう。まず、海賊船について。海賊にとって船は最も重要な道具であり、船についてはできるだけ多くの知識を身につけておいた方がいい。

海賊船の種類

きみはどこかの穏やかな海峡を単独で航海していた商人から奪い取った、質素な商船で航海したいだろうか。それとも、威厳に満ちた軍艦の船長になり、七つの海を征服したいだろうか。この世には、さまざまなタイプの海賊がいるのと同じくらい、船の種類もたくさんある。以下の説明を読んで、きみはどの船に心を惹かれるだろう。

帆船

きみが乗る海賊船は、風を受けて進む帆船になる可能性が高い。船の種類が決まれば、船の設計や海賊行為の戦略など、今後取り組んでいくすべての要素が決まる。理想的な世界では(現実は往々にして理想と大きくかけ離れたものになる)、海賊船を選ぶ上で一番必要なのは、船の速度だ。粥の中に入れたナイフのように波を切って進む、流線型でスリムな船を探そう。速度の出る海賊船は、のろのろ進む商船に追いつき、重々しい軍艦を振り切って走る。身軽な船には、砲撃に対し抵抗力がないといった弱点もあるが、速いという長所はどんな欠点も補ってあまりある。

もちろん、きみの船も大砲を搭載することになるが、必要以

イギリスの2本マストのスループ船が船団を組んで航海している。きみのような海賊から身を守るための最良の手段だ!

上に多くの大砲は積まない方がいい。大砲の重さで船の速度が落ちるからだ。標的とする船に追いつけなければ、戦うことも拿捕《だほ》することもできない。それに、海賊船は常に大砲を積んだ舷側〔船の側面〕から一斉砲撃して相手の船を沈めるものと思い込んではいけない。実際、船が小さくて無防備に見え、本当の能力を隠している方が、襲撃が成功する確率は高い。海賊の戦いでは、相手の意表を突くことが非常に重要な要素になる。たいていの場合、きみはできれば戦闘は避けたいと考えるだろう。良いことを教えよう。きみの標的もほとんどは同じことを考えている。きみの速くて恐ろしげな船から逃げ切れないとわかると、おそらく一発も砲弾を発射することなく降伏するはずだ。

前に述べたように、きみに最適の船は、流線型で足の速い「スループ船」だ。昔から海賊はスループ船を選んできた。乗組員は二〇～六〇人で、一〇～二〇門の大砲を搭載できる。ただし、フランス人は、大砲は少なくして、手で持ち運びできるマスケット銃を増やす方を好んだ。スループ船を見間違えることはない。主帆《メインセイル》がふんぞり返って威圧しているような角度に傾斜しているからだ。良い例がロードアイランドの海賊船ホープ号で、七門の大砲を備え、独立戦争ではイギリスの船舶を攻撃した。一七八〇年には、ホープ号はジェームズ・モンロー船長の指揮のもとロードアイランドのプロビデンスから出航し、ラム酒や砂糖を積んでニューヨークへ向かっていたイギリス船を拿捕した。ヘンリー・モーガン船長がかの有名な襲撃（178ページ参照）を行うために出航したときは、三七隻のスループ船で構成された艦隊を使ったが、どれも

上：ケッチと呼ばれる小型帆船。他の船舶より速度は遅いが、そのために海賊船だと見破られずにすむ。

下：17 世紀の大型バーク。構造が穏やかな海に向いているので、地中海で見かけることが多い。

大型船ではなかった。スループ船は船足がきわめて速いだけでなく、整備も簡単で、その上合法的な手段で簡単に入手できる。だが、あまり小さすぎてもこの仕事には向かない。強欲な人間は、乗組員が少ないと戦利品を分ける人数も少なくてすむと考えるかもしれないが、航海に必要な頭数に足りないと、戦闘になったときに多くの乗組員を抱えている船に圧倒される。

聞くところによると、フランス人とオランダ人には、「大型バーク」と呼ばれる、もう少し重装備の帆船を好む傾向があるそうだ。マストが三本以上あるが、オールを漕いでも進むので、風の弱い海でも便利だ。「ケッチ」と呼ばれる小型帆船は、船足が遅く、のろのろ進むことで知られている。海賊船という本性を隠したいときは、人畜無害に見えるケッチは最善の選択かもしれない。おそらく、つつましい漁師の船と勘違いされるだろう。ケッチよりずっと船足が速いのは「フリュート」と呼ばれる平底船で、典型的な貨物運搬船だ。平底船は追撃には向かないと言う人が多いが、黒髭の大型フリュート船「クイーン・アンズ・リベンジ（アン女王の復讐）号」は、自分よりはるかに大きな船を撃退した。レネ・デュゲイ＝トルーアンはかつて三か月間フリュート船で航海したが、砂糖を大量に搭載したスペイン船を拿捕した以外は何の収穫もなかったと述べている。彼からするとこの遠征は失敗だったのだろう。

あるいは、元は軍艦だったと思われる、大型で頑丈な戦艦を選ぶ道もある。獲物の速度にはかなわないかもしれないが、近接戦になると、一発お見舞いできるだろう。だから、この船を使うなら、狙った船にこっそり近づくことが重要だ。私掠船の出資者にとっては、派遣の主要

中国の東方海上からやって来たジャンク船。多くのジャンク船には精巧な彩色が施されており、頑丈で機能的なだけでなく、美しい。

な目的である戦利品を保管するスペースが十分にあることを重要視するので、このタイプの船を出資の一部として調達することもしばしばある。あるいは、海賊船の船長がこのタイプの船を拿捕して、自分の旗をその船に掲げることもある。また、船の選定を、出資者任せではなく自分で決める海賊もいる。例えば、フランス北部のサン・マロのコルセアは、船の速度より射撃能力――このような船で航行するときの優越感は言うまでもなく――を重視するため、通常五〇門以上の大砲を搭載した船を使う。サン・マロの海賊たちは、当然ながら、いつでも帰れる安全な港を近くに確保している。いつも幸運に恵まれるわけはないし、大型船は、当然のことながら、小さな入江に身を隠すのは不可能だ。

海賊は、自分の船の種類について選択権はほとんどなく、与えられたものを使うしかないが、幸いなことに、どんな船でもきみの必要を満たすように改造できる。だから、例えば、立派な大型の戦艦を拿捕した場合は、速度を高めるために、手の込んだ彫刻など不要な装飾を取り除き、後部船室や後甲板を縮小したいと思うだろう。舷側に搭載された大砲を旋回砲に変えれば重量を削減できるが、そうは言っても、船を戦闘用マシンとして使うことになれば、船はある程度大きい方が有利だ。しかしながら、大砲は船にとって大きな負担になる。第一に、大砲は重い。重さのために船の厚板にひびが入ると、悲惨な結果を招くのは明らかだ。だが、さらに悪いことには、海が荒れると、波に揺られて大砲があちこちへ移動し、つないでいたロープが切れることさえある。重い大砲が急に船の片側へ移動すると、船が転覆しかねない。また、大波にもまれると、砲門も脅威にさらされる。砲門から水が入りこんで火薬が湿り、大砲が使い物にならなくなるのだ。戦闘でいよいよ砲撃を開始するというとき、砲弾を発射する直前まで砲門を閉じておくのにはこういうわけがある（また、敵に実際に搭載している大砲の数より少なく思わせておくと、奇襲をかけられるので有利だ）。

最後に、極東で出会う船をばかにしてはいけない。東アジアの船を呼ぶのに最もよく使われる言葉は「ジャンク」だが、これは「くず」を意味しているわけではない。このなじみ深い表現が初めて英語の文献に登場するのは一五五五年のことで、おそらく中国語で船を表す「チュアン」という言葉を聞き間違えたのではないかと思われる。残念なことに、少なくとも英語では、「ジャンク」という言葉には不快なニュアンスが含まれるため、アジアの船は西洋の船より劣っているという思い込みが生まれた。だが、多くの点で、中国の船はヨーロッパの船の先を行っている。驚くべきことに、中国船の中には、船室が防水仕様になっているものさえある。だから、たとえジャンク船に穴が開いても、船体全体に海水があふれることはない。素晴らしいアイデアだ！

オールで進むガレー船

最近ではオール付きのガレー船はあまり見かけなくなったが、かつての地中海では、この種類の船が最も多く見られた。この船は、海賊に適するように、二〇〇〇年余りかけて全体の構造を変更している。ガレー船には三角帆が二本付いていたが、穏やかな天候では思うように船が進まなかったため、オールが主に推進力を担った。甲板の中央に延びる狭い通路の両側に二五〜三〇本のオールが設置され、一本のオールを漕《こ》ぎ手座に座った――ときには鎖でつながれた――三、四人の漕ぎ手が漕いだ。典型的なガレー船には四〇〇人もの乗組員がいて、そのうち二五〇人は漕ぎ手で、それ以外の戦闘員は狭い空間に身動きできないほどぎっしり詰め込まれていた。漕ぎ手のほとんどは以前の戦闘で捕らえられた捕虜だったが、これらの不本意な乗組員には希望があった。鎖につながれた男たちは、戦闘が迫ると足かせを外され、戦闘中真面目に船を漕いでいれば、その見返りに自由を保証された。古代においては、ガレー船の攻撃と言えば、たがいにぶつけ合ったり、乗り込んだりするくらいだったが、一五世紀中頃には、新たな攻撃用の兵器が出現した。船首や船尾に元込め式〔砲口からではなく砲尾部から砲弾を詰める方式〕大砲が搭載されるようになったのだ。

もちろん、オールが歴史からすっかり忘れ去られたわけではない。軽装備の船で航海するときや、無風状態で追跡したり逃走したりしなければならないときは役に立つ。だが、荒海をオールで航行するのは難しい。オールを漕ぐのは重労働で、きみも相当な覚悟が必要だ。だが、心配しなくていい。今の海賊の世界では、奴隷にガレー船を漕がせるのは流行遅れなのだ！

戦闘用カヌー

これまで比較的大型の立派な船を取り上げてきたので、海賊になったら、結局はカヌーを漕ぐはめになると言うと、きみは驚くかもしれない。一般に、特に南北アメリカ大陸では。安全な川から

16世紀のガレー船。オールで進むガレー船は、風のない海域を航行するのに最適だった。

襲撃を行い、沖へ出て行く必要がないとき、海賊はカヌーを使う。一方、ジャングルに覆われた河口に潜み、海を敵船が通りかかると、すばやく漕ぎ出して襲撃することもある。この目的では、簡素な丸木舟が使われることもあるが、実戦能力はきわめて高い。しかし、大型のカヌーになると、襲撃のために二〇人以上乗船が可能で、最大で一〇〇人乗りのカヌーもある！ヨーロッパ人がカヌーを使うときは、アメリカ先住民のような漕ぎ方ではなく、バイキング船のように漕ぐ。多くの海賊人生は、カヌーのような小さな船から始まるのだ！

小さなボートは大型の海賊船に搭載されたりもする。こうした軽い舟は、大きな舟に積み込まれるのが一般的だが、牽引される場合もある。そして、無防備な商船を攻撃したり、陸上で襲撃を行ったりする際に、乗組員の運搬に使われる。

カヌーのような小型船は、陸上を攻撃したり、大型船に接近して乗り込んだりするときの必需品である。

これはハワード・パイル著『パイルの海賊の本 Plyle's Book of Pirates』の挿絵で、1本マストの小型船に乗った海賊団がスペインのガレオン船に近づいている。この財宝運搬船は海賊船として使用するために改造されることになるかもしれない。

たとえ戦闘で使われなくても、小さなボートは大型船には欠かせない道具だ。食料や水を取りに行ったり、乗組員を陸地に運んだり、船から落ちた乗組員を探しに行ったり（これは航海中によくあることだ！）といった日常的な仕事は、小型のボートなしでは成り立たない。

航海術について

航海術とは一種の名人芸であり、この段階で細かいことまで教えて、きみを混乱させる必要はないと考える。きみはこれから徐々に学んでいくだろうし、関連する専門用語については、初めて船に乗ると、きっと親切な甲板長が待ち構えていて、きみがすぐに覚えなかったなら、横っ面を張ってくれるはずだ。きみは常にチームの一員として仕事をし、航海中に命じられる小さな役割が、船の航海全体にとっていかに重要であるかわかるまでには、長い年月がかかるだろう。四〇フィート（約一二メートル）の高さに張ったロープの上に立ち、うなりを上げる強風の中、ずぶぬれで凍え死にそうになったときは、「この船は俺がいなくては進まない！」と考えて自分を励まし、気

激しい嵐の中、船の舵取りをする操舵手。

持ちを落ち着けるといい。

船上で最も重要な仕事のひとつは船の舵《かじ》取りだ。近頃では操舵手は舵輪を使って舵を取り、舵に力が加わるような仕組みになっているが、昔はティラーと呼ばれる大きなレバーのようなもので舵を取っていた。ティラーの操作は大変な重労働で、急な角度に曲がるときは、数人が力を合わせて圧力をかけなければならなかった。また、熟練した操舵手は、無防備に船首に立っているために敵の射手の第一の標的になると知ってはいるが、どうしようもない。敵船の索具の上でマスケット銃を構える兵に、操舵手が射殺されるのは珍しいことではない。

カリーニングおよびその他の整備

きみもこれから何度も獲物を追跡する状況に直面するだろうが、そんなときは、速度が何より重要になる。速く船を進めるには、水の抵抗を高めて速度を落とす原因になる海洋生成物〔船の運航性能に影響を与える藻や貝など〕を除去して、船体を滑らかな状態にしておく必要がある。こうした海のごみをこすり落とす作業をカリーニング〔船を傾けて修理やメンテナンスを行うこと〕と呼び、優秀な船長は可能な限り頻繁にカリーニングを行う。だが、この作業は口で言うほど簡単なものではない。海中で息ができる人はいいが、そうでなければ、この作業は陸地で行わなければならないからだ。海賊は海軍の軍港の乾ドック〔船体の修理などのために水を抜けるドック〕を使用するわけにはいかないので、船を無防備な状態に置かねばならず、大きな危険が伴う。だから、誰にも気づかれないように、人里離れた入江を選ぼう。

陸で過ごす時間は、海賊が戦利品を満喫するだけでなく、カリーニングのような船に欠かせない整備を行う機会となる。この絵は船長が整備を監視しているところ。

引き潮のタイミングを見計らって、船を浜に引き上げるのだ。そして、ロープを使ってそっと船体を傾け、作業を開始する。海藻やフジツボはそぎ落とし、木材がむき出しの状態になったら、整備を行う。タールを熱してロープに塗り、厚板の隙間を埋めていくが、修理ができないほど損傷の激しい板は大工に交換させよう。船は無防備な状態なので、武装した見張りを付けるのを忘れないように。実際、用心のためにカリーニングは一度に片方ずつしか行わない海賊もいる。カリーニングのついでに、積み荷の位置を調整すると、確実にスピードは上がる。底荷《バラスト》〔積み荷が少ないときに、重心を下げて転覆を防ぐために船底に積む砂や石など〕を調べ、不要なものは処分し、積み荷をバランス良く配分しておけば、船は海上を快調に進んでいく。

ビルジ

船の整備で一番嫌なものと言えば、ビルジ関係だ。ビルジにはふたつの意味がある。ひとつは、「ダンプ」とも呼ばれる船底の湾曲部を指す。ここにはあらゆる種類の汚れがたまる。もうひとつは、船底にたまった汚水そのものを指す。デッキをゴシゴシ洗ったり、船が波をかぶったり、甲板で飼っているいろんな家畜の尿がしたたり落ちたりして、船底に流れ込んだものだ。衣服を洗濯すると、その汚水は生ゴミ、血液、ネズミの死骸や糞とともに、最終的にビルジとなる。チャールズ・ジョンソン船長は自身の船のビルジについて、生活感にあふれた記事を書いている。

今夜飲み水を探しに船底へ行かされた乗組員のふたりの大工が、いわゆる「ダンプ」のガスにやられて危うく死にかけたが、すばやく引き上げて手厚い治療を行った結果、何とか回復した。このようなガスが生じるのは、船内が狭く、汚水が長い間淀んでいるせいで、ビルジの水が腐敗し、悪臭を放つようになる。悪魔でも殺せそうなくらいひどいにおいだ。私が持っていたわずかな板金と銀は、ビルジから発生するガスのせいで、ひと晩のうちに黒く変色してしまった。

このように、ビルジの悪臭は、乗組員が失神するほど強烈で、失神した哀れな乗組員を、仲間が引っ張り上げねばならなかった。そして、ビルジから発生する化学物質は、ひと晩で銀を黒く変色させる！　こうした悲惨な目に遭わずにすむためにはどうすればいいだろう？　まずは、問題を大きくしないことだ。船上では、便所は船首部分に設置されているので、「ヘッド」

と呼ばれる。きみの船にブルワーク〔波を受けたり人が転落したりするのを防ぐために甲板の両舷側に設置されている鋼板の柵〕があるなら、おそらくそこに便器が取り付けられているはずだ。便器を使うのが嫌なら、索具につかまって船べりから尻を突き出せばいい（だが、海が荒れて、むき出しの尻に波が打ちつけそうな日にはこのやり方はお勧めしない）。ただ、万一不注意にも船の上にズボンを落としたら、流されて結局はビルジに入ってしまう。そして、きみはビルジをくみ出す仕事を与えられるだろう。

武器の種類

火器

さて、これで自分の船を持ち、その船を良い状態に保つ方法もわかっただろう。では、人もうらやむ大金持ちの船長になりたいという夢をかなえるために、その船を最も効果的に活用するにはどうすればいいだろう？　言うまでもなく、船に恐ろしげな破壊力のある武器を積み込み、その威力を最大限に発揮する方法を身につければいい。

海賊船に搭載するのに最もふさわしい武器は何かと尋ねたら、おそらく「大砲」という答えが返ってくるだろう。敵船と一戦交えることを考えると、大砲を撃ち合うのが一般的だからだ。大砲を使うべきでない場合もあるにはあるが、船には必ず何らかの大口径砲が搭載されている。船の大砲は、砲身が鉄か青銅のものが多い。青銅は鉄より軽いので操作しやすいが、値段は高い。二〇〇年前には、大砲はその大きさによって、セーカー砲やカルバリン砲といったややこしい

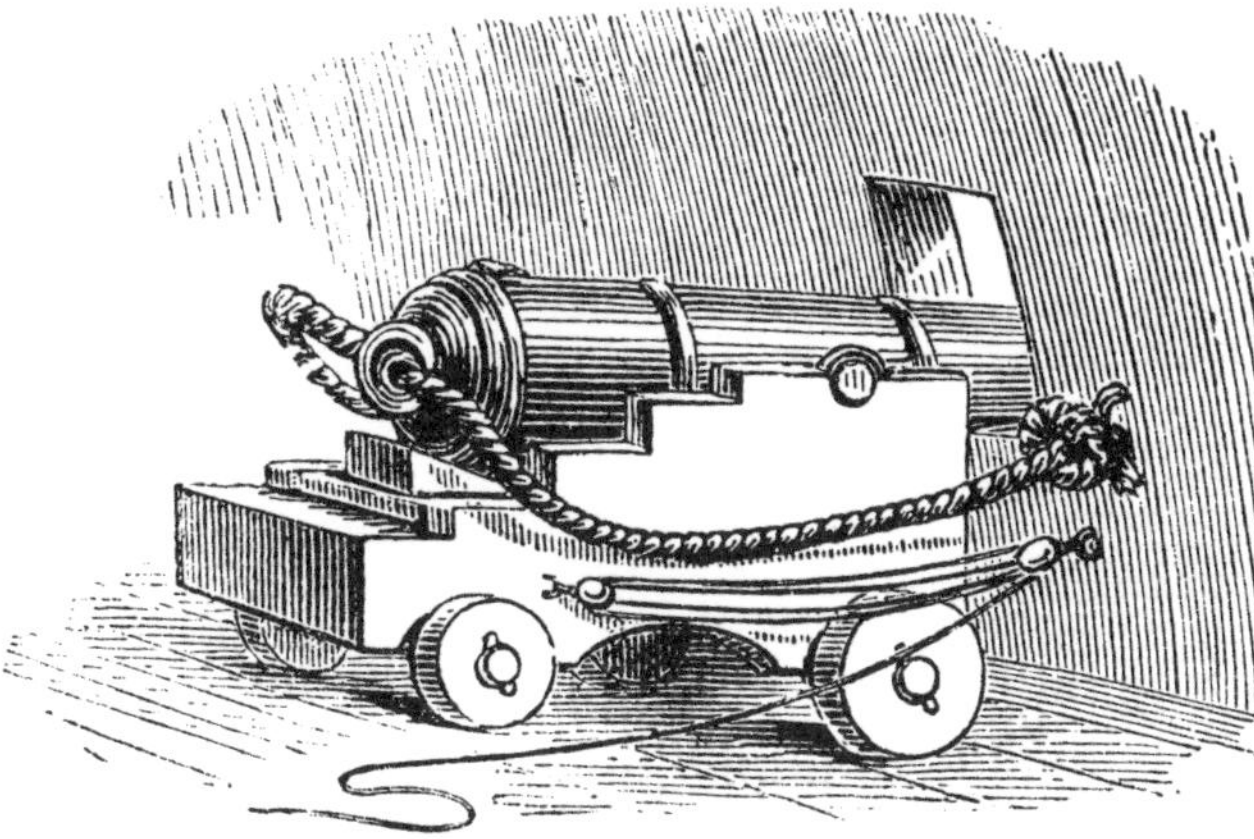

大砲は船に搭載される武器の中で最も威力がある。大砲は砲架に載せられ、ロープとブロック、滑車で船体に取り付けられている。

名前が付けられたが、現在では、大砲は砲弾の重さによって分類されるようになった。三ポンド（約一・四キロ）から二四ポンド（約一一キロ）、さらに重い砲弾もある。スループ船を指揮するイギリス人の私掠船船長は、三ポンドか四ポンド（約一・八キロ）、あるいは六ポンド（約二・七キロ）の大砲を好む。一方、より口径が大きい大砲は大型の軍艦や大型商船に適しているが、こうした船は、新しい所有者によって海賊船に改造される場合がある。

船の大砲は、砲架と呼ばれる四つの車輪のついた台車に載せる。甲板が傾斜していても、大砲が水平を保てるように、砲架の後輪は前輪より小さくなっている。甲板の傾斜は中央にいくほど高くなるが、これは反動——砲弾を発射した際に大砲が後退しようとする反応——を吸収するためのものだ。大砲が反動で後退してもすばやく元の位置に戻るよう、砲架の穴にロープを通して固定してある。大砲ならとりあえず砲弾（「砲丸」とも呼ばれる）を発射できるわけだが、砲弾に関して常に最良の選択をすることも重要だ。六ポンドの小さな砲弾を強靱な船舶に向けて発射すると、たとえ船体に当たっても跳ね返されてしまう。砲身がふたつあって同時に二発の砲弾を装塡できる大砲、いわゆる二連砲もある。これを使うと、一回の砲撃で広い範囲を攻撃できるが、ふたつの砲弾に火力が分散されるので、破壊力は弱まる。きみの標的が相手の船の厚板ではなく、索具のロープなら、ひとつの砲身にふたつの砲弾を鉄の器具でつないだものを装塡して発射する「ダブルヘッド」を使うのもいい。「チェーンショット（鎖弾）」も同じようなもので、ふたつの砲弾を鎖でつないでいる。ダブルヘッドにしろ、チェーンショットにしろ、敵船のロープ、索具、帆、あるいは人にも、どれほど大きなダメージを与えるか想像できるだろう。敵船の舵を無効にしたいときも、ダブルヘッドは良い選択だ。舵に命中したら敵船の舵は粉々に砕かれ、制御不能になって、航行できなくなるだろう。また、殺傷を目的とした砲弾にもさまざまな種類があり、手持ち式のブランダーバス（口径の大きいマスケット銃）から放たれる大粒の散弾のように、多くの小さな鉄の破片が一度に発射され、玉が空中にある間に飛び散るように設計されている。このような武器は、ピンチに陥ったときには簡単に手作りできる。ブリキ缶や布袋に、マスケット銃の弾や鉄の破片、金属くず、あるいは尖った小石を詰めて大砲で発射すればいい。これは「ケースショット」とか「キャニスター」と呼ばれ、敵の索具を破壊するには十分効果がある。

海賊にとって最も重宝な火器のひとつは、軽量の旋回砲だ。その大きな利点は元込め式だということで、砲身の周囲から火薬の燃焼ガスが漏れることと、与える衝撃が小さいという欠点を補って余りある。旋回砲は船の船尾に搭載されることが多かったが、この絵では沿岸の防衛に使われている。

旋回砲は船の手すりに設置される小型の兵器で、大型の艦砲とはまったくタイプが異なる。船尾に置かれることが多い。ヨーロッパの初期の旋回砲は錬鉄から作られ、板状の鉄をハンマーで筒状にして溶接し、木製の樽のように輪をはめて補強する。砲身が「バレル（樽）」と呼ばれる理由も、この製造法を知ると納得だ。「旋回」とは、下部の軸により砲口の向きが上下左右に動くという意味だ。旋回砲には前装式、すなわち砲弾を大砲の先端部分から装塡する方式のものもあれば、大砲の尾部から装塡する、後装式と呼ばれるものもある。火薬や詰め物は巨大なジョッキのような形をした頑丈な容器の中で混ぜ合わされ、砲弾とともに砲身の尾部に詰められる。砲身の先端までほどほどに詰まるように、取り外せる砲身の尾部から金属製または木製のくさびが差し込まれ、それから砲弾が発射される。海上での戦いには後装式がよく使われた。発射後に砲身の中を棒で掃除するとき、本体を船の中へ引き込まなくてすむからだ。旋回法は簡単に向きを変えられるし、砲弾をすばやく再装塡することもできる。主要な欠点は、砲口の周囲から火薬の燃焼ガスが漏れて、爆発力が弱まることだが、比較的発射速度が高いことで補っている。別種の旋回砲としては、ブランダーバス（フランス語でespingole）がある。これは基本的には太く短いマスケット銃で、船のブルワークに取り外せないように据え付けられる。他に船に搭載される大砲としては、迫撃砲がある。これは太く短い大砲で、砲弾または榴弾《りゅうだん》を発射し、高い弾道を描く。海上から要塞を攻撃するときに威力を発揮する。

剣とカトラス

火器だけでは敵船を制圧できない。相手の船に乗り込んで、戦利品を要求すべきときが来る。だが、相手が無抵抗で差し出すわけがない！　接近戦になる準備をしておく必要があり、そのときはさまざまな武器が能力を発揮するだろう。ただし、きみが使い方を習得していればの話だ。カトラスという言葉を聞いたことがあると思う。これほど海賊にふさわしい武器はない。刃は短く、船上の狭い場所での、敵との距離が近い戦いには理想的だ。その柄《つか》は防御性に優れ、きみの手を切り傷から守るだろう。だが、カトラスを手に取る前に、訓練が必要だ。まず棍棒《こんぼう》で練習することを勧める。棍棒《こんぼう》のような重みのある木の棒で叩く練習をしてみるといい。カト

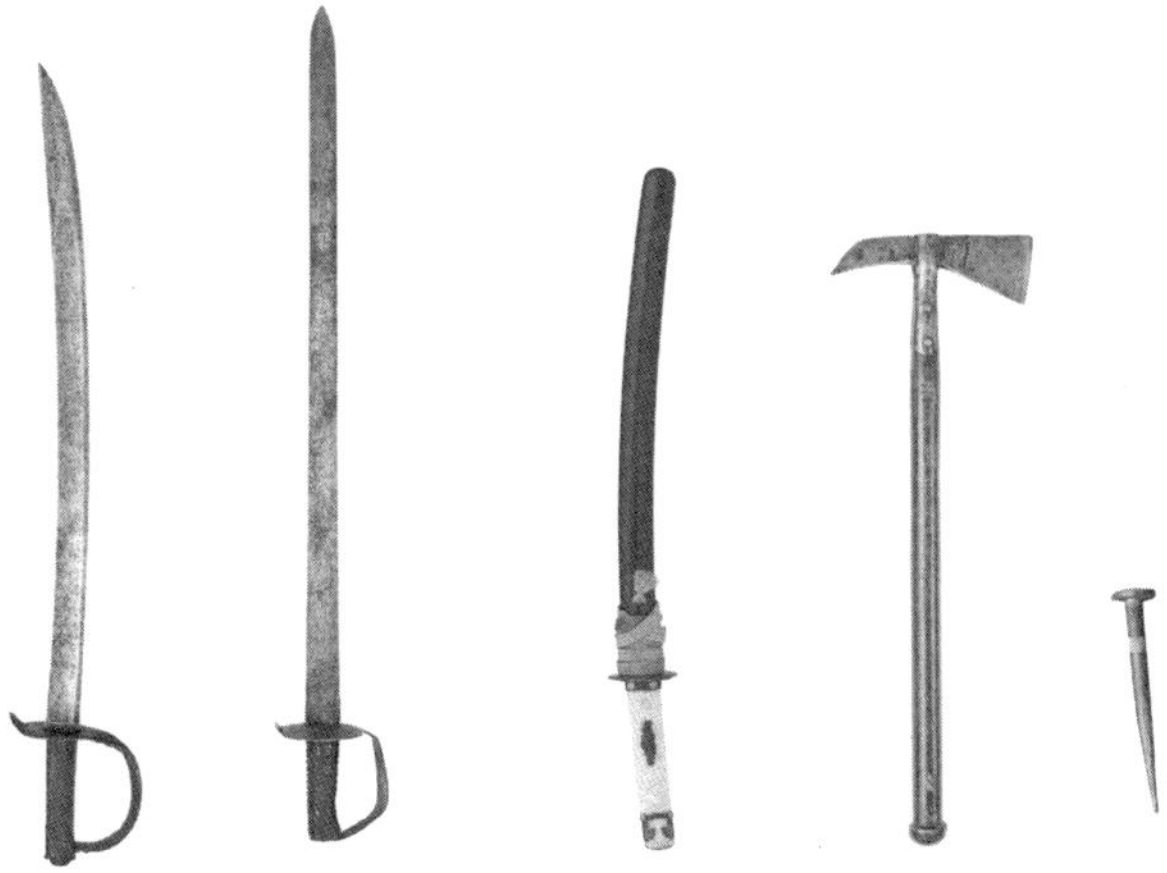

カトラス　ブロードソード　日本刀　ボーディングアックス　マーリンスパイク

ラスは刃物として切れるだけでなく、相手を叩くのにも使えることを頭に入れておこう。しかし、攻撃法を身につけるだけでは十分ではない。敵もきみを襲ってくる！　だから、防御の体勢を取れるだけのスペースを空けておくことが必要だ。空いている手で相手の武器を持った腕をつかむか、相手を蹴り飛ばそう。もちろん、敵は大勢でかかってくるかもしれない。敵船は紳士の決闘場ではない。だから、頭のあたりでカトラスを振り回して、近寄ってきた敵をやっつけるところを想像しながら練習するといい。

船長《キャプテン》に出世したら、おそらくその立場にふさわしい、立派な剣を使いこなしたいと思うだろう。気持ちはよくわかるが、そのためには長い修業を通して真の剣術を身につける必要がある。フランス人コルセアのレネ・デュゲイ＝トルーアンは卓越した剣術家だった。しばしば乗組員の先頭に立って敵船に乗り込み、敵の船長と剣で戦って傷を負わせて、敵船を拿捕《だほ》した。デュゲイ＝トルーアンはサーベルを好んだそうなので、名人の意見も心に留めておくといい。レイピア〔先端が鋭く尖った細身の剣〕はどうかって？　レイピアは長い刃で突き刺す目的で使われるので、船上で窮屈な戦いを強いられる海賊には最適とは言えない。レイピアを効果的に使うには、船上は敵との距離が近すぎ、せいぜい槍のように突くぐらいが関の山だ。では、三日月刀《シミターール》は？　あれは刃が三日月のようにカーブした刀で、イスラム教徒が好んで使う。地中海で活動した経験があるなら、目にしたことがあるかもしれない。あれならカトラスの代わりに使える。スコットランドのブロードソード（幅広の剣）？　あの巨大な刃は強烈なダメージを与えるが、未熟な腕前のきみが狭いスペースで戦うなら、敵だけでなく味方を傷つける危険がある。あらゆる剣の中で最も恐ろしいのは、倭寇が携帯していた日本刀だが、きみが出会う可能性は低いので、安心していい。

　そのうちきみも敵船に乗り込むだろうから、「ボーディングアックス」〔敵船に乗り込む際に使われた軽量の手斧〕の使い方を説明しておこう。これは戦闘で使うというより、主に鍵のかかった船室を突き破ったり、索具を切ったりするのに用いる。しかし、いざとなれば、カトラスと同じ働きをするだろう。きみは常にナイフを携帯するだろうが、ナイフは道具だと思っておこう。しかし、もしカトラスを失うことになれば、ナイフでも十分戦える。また、戦いの際にカトラスを握っていない方の手にナイフを持つのもいい。ナイフの最も便利な点は、誰かにこっそり忍び寄るとき、相手にわからないように携帯できることだ。だが、ひとつ忠告しておく。決してナイフを口にくわえて持ち歩いてはいけない。海賊が出てくる小説を読んでいるとそんな場面があるかもしれないが、戦いの際に役に立たないだけでなく、歯を——最悪の場合は舌を——傷つける危険がある。

もっと遠くまで届く武器を持ちたいだろうか？　遠くまで届く武器としては、ボーディングパイク〔敵船に乗り込む際に使う槍〕やジャベリン〔軽量の投げ槍〕、寸法の合う銃剣が付いたマスケット銃がお勧めだ。

それから、甲冑は身につけるべきかと考えているかもしれない。昔の胸当てはマスケット銃の銃弾を止めるので、敵の攻撃の的になりやすい船長や操舵手の間で人気がある。ジョン・ポール・ジョーンズは鎧《よろい》が好きで、彼の向こう見ずなやり方によく似合っていた。だが、接近戦では、重くてかさばる鎧は邪魔になるだろう。

また、海賊がマーリンスパイクと呼ばれる刃物を使って戦う話を聞いたことがあるだろう。厳密に言うと、マーリンスパイクは武器ではなく、ロープをほどくときに使う道具だ。だが、先端が鋭く尖っているので、乗組員が反乱を起こそうとしたとき、もし船長が通常の武器をすべて隠していたなら、最後の手段としてマーリンスパイクを手にするかもしれない。

マスケット銃とその発射方法

フリントロック（火打ち石）式マスケット銃は、スパニッシュ・メインの、特に船にまだ大砲が搭載されていなかった初期のバッカニアたちが好んで使った武器だ。バッカニアは野生の豚を狩る経験を積んでいたため、射撃の名手だった。きみが船長で、乗組員がバッカニアのようなマスケット銃の名手であれば、船側に設置した大型の大砲と同じくらい効果的に、敵船の甲板を攻撃できるだろう。マスケット銃の究極の使い道は、射撃の名手に敵船の操舵手（およびその交代要員）か船長を射殺させることだ。マスケット銃の名手が二〇人いれば、同じ数の六ポンド砲弾より、敵船に大きなダメージを与えられる。マスケット銃で狙い澄ました射撃は、敵に砲弾以上の混乱と、はるかに強い恐怖心を引き起こすだろう。

あるいは、「アーキバス」または「マッチロック（火縄銃）」と呼ばれる古い型のマスケット銃を見たことがあるかもしれないが、これは勧めない。サーペンタイン（ヘビ）と呼ばれるS字型の金具で保持する火の付いた火縄を直接火薬に押しつけて点火し、発射する仕組みになっている。だが、火が付いてくすぶっている火縄が火薬のすぐそばにあるなんて、考えただけでもぞっとしないか？　フリントロック式の方がはるかに安全だ。この方式では、火打ち石がタッチホール（点火口）の上にある金属を叩くことで火花が散り、中の火薬に点火する。フリントロック式の小型のタイプは楽に腕で抱えられるが、大型のタイプもあり、これは「バッカニアの銃」と呼ばれている。狙いを定めて撃ちやすいが、台の上に載せるとか、少なくとも重い銃身をどこかに置いて撃つことを勧める。その対極にあるのが、銃身が短く口径が大きいブランダーバスだ。発射された銃弾は散弾のように散らばる。船上での接近戦にはきわめて有用だ。

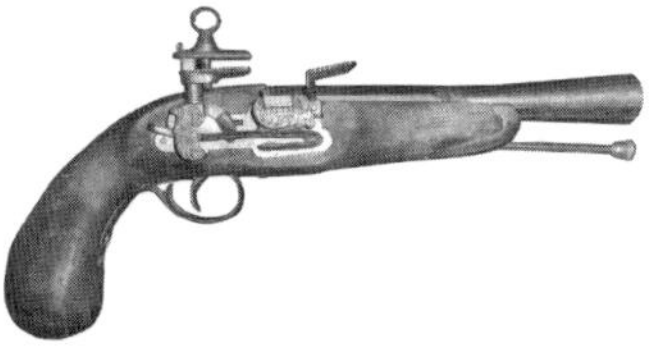

拳銃

フリントロック式マスケット銃

きみが船上でマスケット銃の担当になったら、戦いの真っ最中という緊迫した状況でもうまく銃弾を込めなければならない。今の時代に生きる我々は、薬包〔弾丸と一回分の発射用火薬を一つに包んだもの〕が発明されたおかげで、ずいぶん楽になった。昔の人は角製の火薬入れからマスケット銃の銃身に火薬を入れ、それから詰め物と弾丸を装塡し、最後にすべてを押し込んでから、追加の火薬を火門《かもん》〔点火用の口〕へ入れていたため、上質の頑丈なラムロット〔火薬を詰めたり銃口を掃除したりするのに用いる棒状の道具〕を持っておく必要があった。万一銃身の中で折れたら、きわめて危険だからだ。このように、昔は銃弾を込める一連の作業にはかなり時間がかかった。だが、現在は、弾丸と適度な量の火薬が入った紙製の薬包が使える。この紙でできた詰め物があれば、弾丸は正しい位置にぴたりと装塡できる。バッカニアの中には、さらにすばやく装塡するために、銃の台尻を地面にぶつけるやつがいる。こうすれば十分な量の火薬が火門に送られて点火するので、タッチホールに火薬を追加しなくてすむ。

マスケット銃の有効射程はきわめて短く、わずか二五〇ヤード（約二三〇メートル）だ。狙った相手の近くにいる場合はこれで十分だが、ハウエル・デイビス船長の場合は、ポルトガル人と戦ったとき、マスケット銃で体を四発撃たれた。五発目で倒れたが、敵はのどをかき切ってとどめを刺した。言うまでもないが、揺れる船から撃つ場合は、正確に狙ったつもりでも、思いがけない誤差が生じる。きみだけでなく、狙った相手の体も動いているからだ。イギリスの商人ナサニエル・ウリングは、揺れる船の上でフランス人からマスケット銃による七発の銃撃を受けたが、幸運にも銃弾がすべて逸れて逃げのびた。海が穏やかだったら、おそらく殺されていただろう。もちろん、一度に二発の銃弾を込めたり、散弾を使ったりもできる。散弾を使えば弾が広範囲に飛ぶので、致命傷は無理でも、命中率はかなり上がる。武器は常に手入れして、使用可能な状態にしておこう。ただし、賢明な海賊は、わざと真鍮《しんちゅう》の部分は磨かずにおいておく。曇った状態だと光が反射しないので、狙った相手が人間でも動物でも、感づかれずにすむからだ。それでも、錆びには気をつけよう。火器が汚れたり錆びたりしていると、船長から罰を受ける。戦闘の際に武器が使いものにならないと、仲間の乗組員を危険にさらすことになるからだ。

拳銃

拳銃は、接近戦ではきわめて有効な武器だ。拳銃は小型のマスケット銃のようなもので、マスケット銃と同じように、一度発射したら弾を込め直さなければならない。もちろん、相手の船に乗り込んで戦うときは、弾を込めている時間はないので、発射済みの拳銃は、棍棒として使うぐらいしか役に立たない。そのため、複数の拳銃をベルトに挟んだり、肩から吊り下げたりしている海賊もいる。黒髭は常に六丁の拳銃を身につけていたと言われている。敵と戦うときは、拳銃を順番にぶっ放してから、カトラスで切り込んだそうだ。海賊の中には、拳銃を発射したあと、敵めがけて投げつけるやつがいるらしいが、そんなことをしたら良い拳銃の無駄遣いだ。黒髭のように、絹のひもで拳銃を体に縛り付けておくのはどうだ？　良い拳銃はなかなか見つからないし、非常に高価だ。

東洋の武器

インド、中国、日本の海賊は、それぞれ独特の武器を持っている。いまだに弓と矢を使っている国もあるが、こうした昔ながらの武器をあなどってはいけない。きみがマスケット銃に弾丸を込め直している間に、優れた射手は一二本の矢を射ることができる。日本の海賊は火矢《ひや》を完成させた。革製の羽が付いた木の火矢を放つ、広口径のマスケット銃さえ開発していた。この火が船にどれほどの災いをもたらすかを忘れてはいけない。今では熟練した射手はなかなか見つからない。西洋の海賊が大砲を好んで使うようになったのもそのせいだ。東洋の船乗りは、弓、大砲、剣、槍の他にもさまざまな巧妙な武器を使う。特に独創的なのは捕獲用の武器で、先端に鉤《かぎ》や爪状の突起物が付いた長い竿を使って、離れた場所から敵を捕らえる。槍の先に長い刃が付いているものや、鎌《かま》のように交差した二枚の刃が付いているもの、釣り針のような鉤《かぎ》が三つ付いたものもある。似たような武器に、「熊手」がある。長柄の先端に鉄製の尖った爪が付いているところが独特だ。どれも長い柄の先端に武器が付いている。最後に、「袖がらみ」にも注意が必要だ。先端には多数の釘が付けられ、柄の上部約二〇センチも釘で覆われている。その釘に相手の衣服をからませて捕らえるのだ。日本の海賊船には絶対に近づいてはいけない!

中国人も日本人も、とりわけ爆発性の武器を作ることに長けている。我々西洋人は火薬を、主に砲身から砲弾を発射するための推進剤として使うが、火薬を使って爆弾を作ることもできる。爆弾は鉄でできた二つの半球を合わせて作る。中に火薬と多数の鉄くずを詰め、しっかり接続し、厚手の和紙を重ねたもので包む。爆発までの時間は導火線の長さによって決まり、導火線が内部の火薬を発火させる。また、爆弾の外側にはロープかひもが付けられ、それによって爆弾が回転して弾みが付き、犠牲者の上で爆発する。爆弾は対人用の武器としてだけではなく、木造船に投げ込んで発火させ、沈没させるためにも使われる。

我々も同じような武器を使うが、これほど大々的には使わない。我々

船の甲板に投げ込まれる単純な手投げ弾。殺傷能力のあるガスを発生する内容物、すなわちタール、硫黄、炭塵、水銀といった有毒物質が詰められているものもあった。

ギリシア火薬は船上に大混乱を引き起こす。

はこの爆弾を手投げ弾と呼ぶ。敵の甲板に投げ込み、爆発させて衝撃を与え、高温の鉄くずを広範囲にまき散らす。爆弾は甲板の頑丈な箱に保管しておき、攻撃の際にはすぐ使えるようにしておくといい。だが、命知らずの兵士たちは手投げ弾兵と自称し、手投げ弾を袋に入れて持ち歩いている。彼らは導火線の保護カバーを歯で破り、火を付けてできるだけ遠くへ投げ込む。これは危険な仕事だ。さらに危険なのが即席爆弾で、ガラス瓶に火薬と金属片を詰め込んで作る。狙った場所に正確に投げるのは難しいが、小窓やハッチから放り込むのには向いている。

ローマ帝国末期の船乗りは、戦闘の際にギリシア火薬と呼ばれる調合物を活用した。これはアラブのどこかで発見された黒色の油分を含む物質で作られている(正確な製造法は厳重に秘匿されたため、今も不明のままだ)。現在も同様の火薬は存在し、広く恐れられている。なぜなら、この火には油分が含まれるため、水では消せないからだ。実際、激しく燃えながら海面に浮かんでいるように見える。我々にはこの天然油を入手するつてがないので、せいぜい「ファイア・ポット」を作るくらいだ。これは可燃物が詰まった粘土製の容器で、敵船の甲板に投げ込む。乾燥した材料をバランス良く配合すると、船上で勢いよく燃え上がる。より斬新なのが「スティンク・ポット」だ。これには可燃物ではなく、動物の糞など悪臭を放つものが詰めてある。敵の気を散らし、不快にさせるのは間違いない。

さて、これで我々海賊が好んで使っている武器と、その使い方はわかっただろう。次は船を攻撃したり、沿岸を襲撃したりするとき、これらの武器をどのように使うのかを見ていこう。

第5章　海賊の戦い方

待ちに待った日が来た。海賊になって数か月、きみは甲板を洗ったり、索具を調節したりする合間に梶棒《こんぼう》でカトラスの練習を重ねてきた。そして、ついに水平線に船影を発見した。機は熟したのだ。さあ、船長に知らせよう！　戦利品を手にするチャンスだ。

大海原での略奪

よその船を襲って財宝を手にする——多くの海賊がこれを夢見て仕事に励んでいる。私掠船乗組員、バッカニア、コルセア、あるいはごく普通に海賊——呼び名は何であれ、海の荒くれ男たちがやることはみな同じだ。だが、行動に移す前に、きみは自分の船の安全性を慎重に評価する必要がある。襲撃が不首尾に終われば、きみはすべてを失うことになるのだから。まず、標的とする船をじっくり観察しよう。おそらく標的は商船で、うまくいけば財宝を積んでいる。だが、商船の船長が海賊の来襲に対して何の予防策も講じていないと決めつけるのは愚かなことだ。商船は通常結束して船団を組んでいる。つまり、軍艦の護衛の下に集団で航行している

17世紀の木版画。ピート・ハイン提督の指揮のもと、スペインのガレオン船団の拿捕に成功したオランダの西インド会社の船隊を描いている。きみが船隊を率いたなら、護衛船団も撃破できるかもしれない。

のだ。八〇隻もの船が一団となって航海することもあるらしい。実に壮観だ。このように巨大な船団は、海賊にとって大きな脅威だが、同時に非常に気をそそられるものでもある。東インド会社の財宝運搬船の大部分は、今日では船団の警護の下に航海する。この方式は、海賊の襲撃に対してきわめて効果的なので、通常はあまり仲の良くない国同士の船でさえ、協力関係を結ぶらしい。護衛艦の船長の多くは筋金入りの船乗りで、襲ってきた海賊を撃退した経験を持つ。彼らは風向きに特に注意を払う。船団に十分な数の護衛艦がいれば、一、二隻は船団の風上（つまり、風が吹いてくる方向）を航行する。そうすれば、海賊船が逆方向（風下）から近づいてくるのが見えたとき、すばやく対応できる。それ以外の護衛艦は商船から少し距離を取り、視界に入らないところを航行する。そして、海賊船が見えたら、突然姿を現して立ち向かってくる。

海賊船の船長は船団を攻撃するといっても、通常は自分も大きな船団を率いているときだけだ。では、きみが単独の海賊船を指揮しているときはどうすればいいだろう。俺にできる最良のアドバイスとしては、船団はあきらめて、他の獲物を探せということだ。だが、チャンスはあるにはある。よくあることだが、船団の中で一、二隻、他の船から遅れがちになる船がいる。しかも、船団の風上を航行するバカな船もいる。そうなると、護衛艦はなかなか助けに駆けつけられない。つまり、秘策とは、遅れた船を、船団から離れている間に襲うのだ。一六三七年には、単独のイギリスの海賊船が、五二隻の船団から離れて航行していたスペイン船を襲撃した。海賊船の船長の名は歴史に残っていないが、半時間もたたないうちに海賊船は勝利を収め、スペインの護衛艦が介入してくる前に、戦利品を手にして逃げ去った。

しかしながら、船団に雇われた護衛艦が、きみと同じ私掠船だと判明する場合もある。すると、困ったことになる。私掠船の船長は、船団の護衛に対し相当な報酬を受け取っているので、この儲けの多い仕事を邪魔するやつを許すわけにはいかない。きみもその私掠船を攻撃したくはないだろう。仲間同士が戦うことになるからだ。私掠船同士が戦った記録はあるが、そのほとんどは勘違いによるもので、おたがいに相手を格好のカモだと思ったらしい。この間違いを犯してはならない。どこかにもっと豪勢なお宝を積んだ船がいるはずだと自分に言い聞かせよ

オランダ商船（右）と船艦（左）。

う。

幸運に恵まれたら、単独で航行している商船に出くわすこともあるが、その場合も攻撃を決める前に考えるべきことがいくつかある。ひとつは、当たり前のことだが、商船と武装した海軍の戦艦とをしっかり見分けることだ。

海賊行為の基本：間違って海軍の戦艦を攻撃しないこと。商船の中には武装している船もあるが、きみにとっては大した脅威にはならないだろう。商船の乗組員は船乗りであって、兵士ではない。戦うための訓練は受けていない。

まず相手の船の甲板を見てみよう。商船なら、積み荷が高く積み上げてある。たとえ乗組員が戦う気になったとしても、甲板を片付けるのに時間がかかる。大砲が搭載されているかもしれないが、積み荷が場所を取るので、どこか奥まった場所にでも押しこまれている可能性が高い。これも準備に時間がかかかる。やけっぱちになった船長が、大砲を引っぱり出す道を空けるために、積み荷をいくつか船外へ捨てるよう乗組員に命じないとも限らない。いずれにせよ、きみが指揮する船が旋回砲を搭載した小型のスループ船だとしても、相手の大砲はそれよりはるかに小さいはずだ。

商船の船長は、最初はきみの船を振り切ろうとするだろう。だが、きみがすばしっこいスループ船で何とか追いついたら、船長が乗組員を説得して戦わせるのはなかなか難しい。おそらくそれまでにも、船長から戦えと命令されても、乗組員が従わなかったことがあったのだろう。そうなると、船長は降伏せざるを得ない。そして、きみは財宝に加えて、経験豊かな船乗りを仲間に引き入れるというおまけも手にする。あるいは、船長が乗組員に、「立てこもり」と呼ばれる作戦を遂行するよう命じるかもしれない。これは乗組員が船室などの安全なスペースに閉じこもり、海賊が攻撃をあきらめ、船から運べるだけの財宝を奪って、おとなしく引き上げるのを待つというものだ。言うなれば、積み荷は差し出すから、命だけは助けてくれという妥協案だ。これは、攻撃を受けた船が船団からはぐれた状態で、護衛船が助けに来ることが期待できる場合に有効だ。似たような戦術として、船を浅瀬に乗り上げさせて、海賊が立ち去ってくれるのを待つという方法もある。船を海賊から守るには、海上より陸の方が確実だ。海賊は小さな舟で乗組員を岸へ運ばなくてはならず、防御態勢に入っている相手よりはるかに攻撃に弱い立場になる。これらの戦術を、きみが攻撃する商船の観点から考えてみよう。彼らが武器を取って戦うのは最後の手段だとわかるだろう。

敵船発見！

「帆だ！　帆が見えるぞ！」　見張り台の上から、見張り番の叫び声が聞こえたときの、船上の興奮を想像してみよう。

そう、船が見えたのだ。だが、叫び声は「船」ではなく「帆」だ。水平線のかなたに見えるのは、「帆」だけだ。どんな種類の船か、まだわからない。運が良ければ、太陽を背にした状態で船を見つける。これは大変有利だ。相手はきみの存在に気づいていないからだ。遠目がきく見張り番は、船長からたっぷり褒美をもらうだろう。一方、見張り番が疲れていたり、酔っ払っていたりしたら、大きな岩や鯨の死骸を船と見誤ったり、実際にはそこにいない船が見えたりする。うっかりミスは誰にでもあるとは言っても、海賊船の乗組員として長続きしないだろう。偉大なフランスのコルセアであるデュゲイ＝トルーアンは、ある日一五隻からなる船団を発見し、オランダ商船の護衛船団が霧の中を航行しているのだと思った。だが、霧が晴れると、すべて軍艦だとわかり、大急ぎで逃げ出した。

何隻の船が見えるかを大声で船長に伝えると、船長はその情報をもとにその後の段取りを決めるが、まずは相手の船に近づかねばならない。羅針盤で相手の船の位置を確認し、追跡が始まる。この時点で、船長の最も重要な任務は、相手の船がどれくらい強いかを判断し、可能であればその船の正体を明らかにすることだ。商船の中には、海賊に攻撃を思いとどまらせるために、舷側に偽の砲門を描いているものもあるらしい。また、味方の船である場合もあるので、そのときは情報交換すればいい。重要なのは、あらゆる事態に対して準備ができていることだ。見張り番が海軍の軍艦を見つける場合もある。そのときは、海賊船は反撃に備えて迅速にそれぞれの持ち場につく必要がある。あるいは、いざ略奪となれば、海賊船は戦闘マシンに変身しなければならない。

正体を現せ！

では、見知らぬ船に正体を特定できるまで近づいたら、それからどうなるのだろう。その船は商船、軍艦、あるいは仲間の海賊船だろうか？　甲板に積み荷が積み上げられているのが見えなかったら、船旗で見分けるしかない。つまり、どんな旗が掲げられているかを見るのだ。旗を見分けることは重要だ。きみは東インド会社の旗がわかるだろうか。東インド会社の船を攻撃するのはきわめて愚かなことだ。十分に武装しており、海賊にもなれているし、十分な護衛艦がついていることが多い。何より重要なのは、旗を見間違えないということだ。イギリスの船乗りが、フランスの軍旗「パヴィヨン・ブラン」〔「白い旗」の意〕を、降伏を示す白旗と間違えるという重大なミスを犯したことがあった。同様のことが一六六五年にも起こった。近眼のフランス人の見張り番が、白い軍旗を掲げていたイギリスの船を仲間の船と間違えたのだ。これにより、イギリス人には奇襲攻撃をかける機会が転がりこみ、相手側のミスのおかげでその船船

海賊船船長が掲げている恐ろしげな旗の数々。悪魔、砂時計、カトラス、それにもちろん髑髏と交差させた大腿骨は、旗を見た者すべてに迅速な死を告げる。

を拿捕した。オランダの船は三色旗を掲げ、スペインの国旗はとても手が込んでいる。だから、遠目がきくだけでなく、出会う可能性のある船の旗についての豊富な知識も必要だ。

私掠船は支援者の旗を掲げている場合もある。イギリスの私掠船は誇らしげに国王の旗を掲げるが、イギリス王室海軍の船が同行している場合は禁じられている。イギリス領のジャマイカのバッカニアは、常にイギリス国王の旗を掲げている。また、多くの海賊船が赤い旗を掲げている。赤い旗を掲げるのにはふたつの意味がある。ひとつは、相手の船が寛大な申し出（つまり、降伏するなら全員の命は助けようという申し出）を拒否したら、赤い旗を掲げて、容赦はしないことを示す。悪名高いキャプテン・キッドは、常に何も描かれていない真っ赤な旗を掲げていたが、それは「血のように赤い旗《ブラッディ・バナー》」と呼ばれるようになった。以前はおとなしい船も赤い旗を使ったことがあるが、今では赤旗は常に「海賊」を意味する。バッカニアの船長も自分の名前が知れ渡るのを好むので、多くが独自のデザインを施した旗を掲げている。

では、最も有名な旗を使っているのは誰だろう。ジョリー・ロジャー〔欧米での海賊旗の別名〕？ 言うまでもなく、黒地に白い髑髏《どくろ》と二本の骨が描かれた有名な海賊旗だ。黒の無地の旗を使う海賊もいるが、ヘンリー・エイヴリー船長は確かにジョリー・ロジャーを使い、その立派なバンダナにも髑髏《どくろ》の模様が入っていた。黒髭はさらに先を行っていた。ボストンのある新聞の記事に、黒髭がニューファンドランド島の港に入港する様子が掲載されたが、その船のマストのてっぺんにはふたつの旗、すなわちイギリス国旗と、カトラスと「しゃれこうべ」の模様が付いた黒い旗が掲げられていた。黒髭は海賊であることを誇りにしていたのだ！

だが、困ったことに、偽りの旗を掲げている船がある。見張り番が最初に船を発見するとき、十中八九旗は見えないはずだ。旗を掲げると、船の速度が落ちるし、荒れた天候では旗が傷むからだ。他の船とかなり接近してから初めて旗を掲げて、敵船を欺こうとする船もある。おそらく船長は、手ごわい戦艦のふりをすることで、攻撃を阻み、拿捕を回避しようと考えるのだろう。あるいは、重装備の戦艦が、海賊船の攻撃を誘発するために、弱い船のふりをして故意に拿捕されることもある。ほとんどの私掠船は数種類の旗を用意しておき、わざと敵を欺こうとする。しかし、それにも暗黙のルールがあり、敵を欺くためにどんな旗を掲げていようと、攻撃の前には本物の旗を掲げるというのが、節操ある海賊の基本原則だ。この原則を極端なまでに適用したのが、すべての大砲を並べて砲撃の準備を整え、いよいよ発射するという瞬間に旗を掲げるというやり方だ。この場合、相手の船が試し撃ちをしてくるかもしれない。それは、早く本物の旗を揚げろと要求しているのだ。一六九四年に、イギリス人がデュゲイ＝トルーアンを捕らえたが、そのときイギリス人は、本物の旗を掲げる前に砲撃を始めたかどでトルーアンを告発した。それに対してデュゲイ＝トルーアンは、自分は力を見せつけただけだと答えた。おそらくそれは事実だろう。海賊船がこの原則を破って旗を掲げないまま攻撃におよんだ例は数多くある。そのせいかどうかわからないが、我々海賊は、正直者だという評判は得られていない。

おわかりのように、旗だけを見て相手の船の意図を判断するのは賢明とは言えない。ほとんどの海賊船船長は旗にだまされたりしない。それは単に、だまし合いが日常茶飯事だからなのだが、実際、そのせいで、船が本物の旗を掲げているときに問題が起きる可能性もあるし、実際に起こっている！　だから、要するに、接近戦の最中は別として、旗の見た目だけに頼るべきではないということだ。接近戦が始まってしまったら、作戦変更をするには手遅れだろう。

追跡すべきか、せざるべきか？

獲物になりそうな船が見つかり、船長にその船の旗や大きさ、形を報告したら、船長は乗組員に行動開始の準備をさせる。さて、相手の船を追跡すべきだろうか？　追跡せずに、相手の船が近づいてくるのを待つ方が賢明かもしれない。相手の乗組員はきみと同様に好奇心が強いはずだから、きみの船の方から近づいて、相手に警戒心を抱かせるのは得策ではない。それよりも、海賊船ではないかという疑いを抱かせずにおびきよせ、接近してから本物の旗を掲げ、襲いかかるのだ。あるいは、遭難船を装ってだます手もある。ただし、ほとんどの船長はその手には乗らない。とりわけ、海賊が出没すると知られている海域を航行するときは警戒している。それよりは、戦略としては変装の方がマシだろう。トルゲンマスト〔トップマストのすぐ上に付ける小さいマスト〕を下げて、ほとんどの乗組員を甲板の下に隠し、商船のふりをするのだ。この戦略は、本物の商船を追跡しているときに最も効果を発揮する。だが、もし相手も私掠船だったら、面倒なことになるかもしれない。

より無謀な選択肢は、もちろん、追跡することだ。偽りや変装をすべてかなぐり捨て、相手の船が本物の商船であることを期待して、まっすぐ近づいていこう。戦闘準備を整えた船で向かってくるのを目にしたら、相手の船長は自分の運命を知る。きみがどんな旗を掲げていようと、船長はきみが海賊だとわかっているから、最初からジョリー・ロジャーを掲げておいた方がいいかもしれない。勇敢な船長なら、持っている旗をすべて掲げて威圧し、追い払おうとするかもしれない。あるいは、追跡が始まると、状況はふたりの船長の航海技術次第で大きく変化する。相手の船は、速度を上げるために、やむなく積み荷を海に投げ捨てるという窮余の策を打ってくるかもしれない。あるいは、時間稼ぎをしてくるかもしれない。日が暮れると、暗闇に紛れて逃れられる可能性が高まるからだ。船内の明かりをすべて消して、きみの船が通り過ぎるのを祈っているだろう。小さな手漕ぎ舟に明かりをともして、きみをそちらへ引き寄せようとするかもしれない。過酷な駆け引きが続くが、信頼できて、自発的に正しい判断を下せる優秀な操舵手がいれば、大きな財産だ。

狙った相手を威嚇する

いよいよ戦いの火蓋が切って落とされた。きみは餌食となる船に近づき、本物の旗を掲げて略奪の意思を示した。相手はこれから何が起こるかを悟る。では、相手の船首の前方へ一発砲撃しよう。相手はそれが何を意味するか知っているから、あわよくば降伏してくるかもしれない。降伏してこなければ、ひと声かけて様子をみよう（何の反応もなければ、もう一発お見舞いして、味方の船ではないことをはっきりさせよう）。最初に何と問いかければいいだろう。相手は何と答えるだろう。きみは相手が正直に答えているかどうか判断しなければならない。声かけは、特に両方の船長が攻撃を予測している場合、最初から敵意をむき出しにしたものになるだろう。絶対に勝てる自信があるなら、相手にトップスル〔トップマストに取り付ける横帆〕を下げる――降伏を意味する――よう命じてもいい。そうでないなら、優位性を主張する別の方法を考えよう。

典型的なシーチェイス。海賊船が獲物を追いかけ、乗組員たちは熱心にその船を値踏みしている。

交渉《パーレイ》：平和的解決法

まず強調しておきたいのが、相手の船を拿捕するために、必ずしも戦う必要はないということだ。きみの乗組員の命は大切だが、相手の乗組員も同じだ。追跡する間に、きみがどれほど凶暴で本気であるかを示して相手を完全に怯えさせたなら、そして、きみの恐ろしくてしっかり武装している手下を相手が見る機会があったなら、降伏の交渉はきわめて簡単に進むだろう。相手の船長はパーレイ、すなわち、話し合いの開始を求めてくるはずだ。話し合いに合意したら、交渉のためにきみの方から相手の船に接近してもいいし、相手の船長がきみの船に漕ぎ寄せてくるかもしれない。そうなったら、きみの船の恐ろしさを間近で見せてやればいい。

このプロセスを有利に進める方法として、空威張りと呼ばれるちょっとした策がある。きみの海賊船の乗組員が完全武装し、さらには酔っ払い、ほとんど狂乱状態で踊ったり、大声で相手の乗組員を罵ったりして震え上がらせるのだ。多くの海賊船には音楽隊が乗り込んでいるので、乗組員全員が甲板で荒々しい戦勝の踊りを披露すれば、きみが勝利に自信を持っていることをこれ以上ないほど示すことができる。餌食となる船の乗組員の頭には、またとない反撃の瞬間だという考えは浮かばないらしい。それどころか、この騒ぎを見て怖じ気づき、気持ちはますます話し合いでの解決に傾くようだ。

降伏を促す方法は、空威張りだけではない。あるときイギリス船舶と行き会ったジョナサン・

空威張り：酔っ払った海賊の集団は、敵の乗組員の目には恐ろしい光景に見えるだろう。ただし、調子に乗りすぎて目的を忘れてはいけない。

ハラデンという海賊は、相手の船長に、五分以内に降伏するよう求めた。そして、火の付いたろうそくを持って、相手の船が旗を降ろすまで大砲のそばに立ち、降ろすとすぐさま拿捕した。イギリス人は知らなかったが、この脅しははったりにすぎなかった。もし砲弾を発射していたら、ハラデンにとって最初で最後の砲撃になっていただろう。船にはその一発しか砲弾はなかったのだから。

船を攻撃する

もちろん、交渉が決裂することもある。そうなったら戦うまでだ。海賊船船長は乗組員に戦いの準備をさせるとき、「ハンモックを吊るし、チェストを置け」と命じる。つまり、戦っている間、奪えるものはすべて奪ってしまい込めという意味だ。船内の部署を一時的に仕切っている板を取り外し、甲板は戦闘のために片付け（「船首から船尾まで甲板を片付けろ！」）、戦闘場所には武器を装備する（「小型武器は後甲板に運び、全員配置に付け！」）。乗組員はみな自分の持ち場を心得ているはずだ。船影も見えない海を長い間航行する間、ずっと訓練を受けてきたのだから。砲撃による破片が木製の舷側に直接当たらないよう、ハンモックを壁の取っ手に引っかけてクッション代わりにする。窓はすべて閉め、「デッドライト」と呼ばれる明かり取りの窓も閉めて、真っ暗な状態にする。また、ブルワークに長い布をかぶせるよう船長か

ジョリー・ロジャーを掲げた海賊船と、それに立ち向かうイギリス船舶。

ら指示があるかもしれない。乗組員の姿を隠して、敵をいっそう驚かせるためだ（熱狂的な「空威張り」の間に手の内をすっかり見せていなければの話だが）。マスケット銃の撃ち手は武器を胸の高さに構えて甲板に運び、大工は戦闘中の船の損傷を修理する準備を整えて待機する。大工が緊急事態に駆けつけられるよう、必ず舷側を空けておくこと。大工は船に穴が開いたとき、ポンプで水を汲み出す役割も担っている。船医（または料理人）は、手足が砕けた乗組員の手術を行う準備を整える。

旗の上げ下ろしはとても重要で複雑な作業で、甲板長の指示に従って行う。甲板長は、旗を保持する器具が簡単に撃たれないように、旗を吊るす方法を教えてくれるだろう。それでも、もし敵弾が器具に命中したら、戦闘中に旗が甲板に落ちてしまう。すると、船長は乗組員に「戦闘帆を掲げよ」と命じる。この帆を掲げたら、船の運航をできるだけ少人数で行い、それ以外は戦いに専念せよという取り決めになっている。何が起ころうとも、すばやく行動に移れ！　きみの命と仲間の乗組員の命は、きみの行動にかかっている。海賊の接近戦は、次の三つの方法で展開される。

追撃戦

二隻の船船が、たがいに逃れようと航行しながら戦っている状態だ。一隻がもう一方の真後ろにつくこともある。きみの船が追いかけられている立場なら、できるだけ多くの大砲を船尾に集めよう。この場面では小型の武器も有用だ。特に、相手の船に乗り込むことになると役立つので、常に身につけておくといい。

横並び

大型商船の船長はこの方式を選ぶかもしれない。なぜなら、大型商船の舷側はきみの船より頑丈なので、多くの攻撃に耐えられるからだ。商船は腰を据えて防御態勢を取り、きみの攻撃が失速するまでじっと耐える。これは消耗戦で、何らかの不測の事態――例えば、どちらかの火薬庫に砲弾が当たって爆発するとか――によって終わりを迎える。二隻の船がかなり接近していたら、砲弾は厚板を一ヤード（約九一センチ）の深さまで、簡単に撃ち砕くことができる。

大詰めを迎えた海戦の混乱状態。巨大なガレオン船に横並びになり、兵器を総動員して攻撃し合っている。船外に逃れた乗組員は漂流物にしがみついている。

これほど距離が近ければ、腕のいい狙撃手がいる船は有利になる。索具の高い位置からマスケット銃で、敵の甲板を一掃してしまうだろう。操舵手か船長がやられてしまったら、敵船はなすすべがなくなる。大胆な攻撃者は、数人の乗組員を乗せた小型のボートを、相手の船に近づける。そして、そのボートの恐れ知らずの乗組員が、敵船の舵にくさびを打ちこむ。そうすれば、敵船は戦いを回避したくても、向きを変えることができなくなる。このような接近戦は何時間も続く可能性があるので、厳しい訓練が必要だ。

海戦

これは昔ながらの海賊の戦い方で、二隻の船がたがいに優位に立ち、できるだけ有利な位置から攻撃を行おうと、なりふり構わず戦う。攻撃に絶好の位置に入ろうと必死で船を操縦するが、それは敵船も同じだ。ここでは船の操縦術の優劣が、砲術と同じくらい重要になる。徹底的に戦い、どちらかが相手の船に乗り込んだところで戦いは終わる。敵船への乗り込みについては、また後で取り上げる。

戦いへの備え

戦闘準備が整ったら、戦う覚悟を決めよう。きみが砲手なら、前述のどの状況でもかなり忙しくなるはずだ。砲口を開き、砲身が船側から突き出すように大砲の向きを変えなければならない。砲口は海水が入るのを防ぐために詰め物がされているかもしれないので、その場合は強く叩いて詰め物を出す必要がある。大砲を入念にチェックしよう。車軸には十分に油が塗ってあるだろうか。大砲を正常に機能させるためには、しっかり油を塗っておかねばならない。何より重要なのは、充填物や弾薬が乾いていることだ。大砲のそばには次のものを揃えておこう。

・棒の先にスポンジの付いたラマー〔砲弾を押しこむ棒〕。
・てこ棒とバール
・角製の火薬入れと点火用ワイヤ
・不発弾を取り除くためのワームとラドル〔どちらも棒状の道具〕
・こぼれた火薬を集めるためのバッジバレル（革張りの小さな容器）
・道火桿《みちびざお》（発砲に備え、火の付いた火縄を保持するための長い棒状の道具）

大砲の間には、ふたつおきに海水を入れた冷却用の桶を置いておく。大砲の薬包は普段は別の場所にしまってあるが、大砲のそばへ運び出される。火縄の保管場所は船の中央部にある。四門の大砲でひとつの桶を使う。すべての手はずが整ったら、船長からの最後の士気を高めるための言葉に耳を傾けよう。船長は、きみたちは実に素晴らしい乗組員で、これから始まる戦いでは全員が力を合わせなければならないと告げるだろう。そして、高ぶる気持ちを落ち着かせるために、全員にラム酒がふるまわれる。そこで短い祈りを捧げるのも実にふさわしい。標的の船に近づいていく——相手の船の方から近づいてくるかもしれない！——と、音楽隊が再び曲を演奏し始めるだろう。そして、いよいよ船同士が接近すると、歓声が上がる。

戦闘開始とともに、砲弾の音が響き渡る。最初は、おそらく大砲の砲撃から始まるだろうが、どんなに激しくても、片舷から一斉砲撃を行えば敵船を沈められるという希望は頭から捨てるべきだ。相手の船は、厚板に穴が開き、マストは折れ、帆は破れ、ずたずたになったように見えるだろうが、それでも航行を続ける。砲弾が船側に当たっても、船が沈むほど大きな穴は開かない可能性が高い。しかし、船側に砲弾が当たると、別の方法で壊滅的なダメージを与える。大きな穴は開かなくても、砲弾の衝撃により、木片や爆弾の破片が船内に雨あられと飛び込んできて、無防備な大砲隊員やその他の乗組員に降りかかるだろう。きみは鋭く尖ったオーク材の破片を浴びたいだろうか？　このように、人がひしめく船舶に砲弾が当たったら、船の機能は麻痺し、沈没は免れても戦闘の継続は不可能になる。その結果、乗組員が戦闘不可能になることにより、財宝を失うことになる。

二隻の船舶が接近すると、マスケット銃、カトラス、槍を使った戦いが始まるが、どれも目的は同じで、相手の船ではなく、乗組員の動きを封じようとする。これは実に恐ろしい光景で、その恐ろしさを最も的確に描写しているのが、地中海でガレー船に乗って戦った、ポンテロ・ポンテラという男の記述だ。

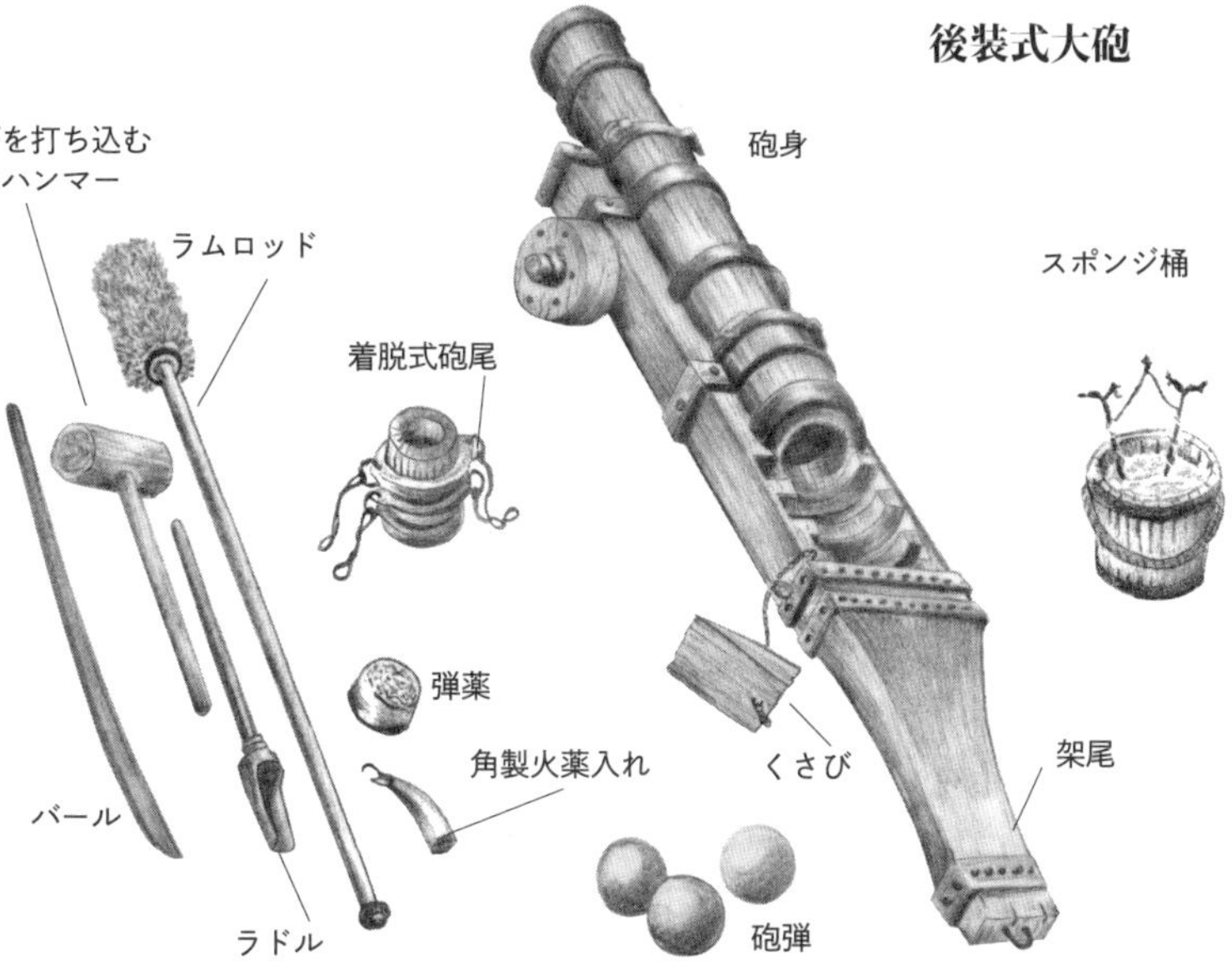

これは台車固定型の後装式大砲で、通常は旋回砲として扱われ、船尾に搭載される。砲尾はハンマーでくさびを打ちこんで固定する。

乗組員の四肢が、鉄器や火器によって大きな損傷を受ける（陸上の戦いではこれほど恐ろしい思いはしない）。ひとりの男がずたずたに引き裂かれるのと同時に、別の男が焼き殺される。溺死する者、火縄銃の銃弾に蜂の巣のように撃たれる者、砲弾を受けてばらばらに吹き飛ばされる者もいる。何よりも、救助されるわずかな望みもなく、まだ生きている者も焼け死んだ者も、もろともに海に飲みこまれる光景を見ると、恐怖がこみ上げてくる。海は色を変え、血で赤く染まり、波間には人間の腕や体の一部、壊れた船の破片が漂っている。

きみが恐れるべきは敵だけではない。自船の大砲から出る炎、あるいは誤って爆発した薬包で大やけどを負うこともある。原因が何であれ、多数の死体を見ると乗組員の士気は下がる。敵も怯えるかもしれないが、見えないところへ隠した方がいい。とはいえ、戦いのさなかにはそんな余裕はないだろう。砲撃を行えば、手足や胴体が散らばるのは避けられない。だから、気をしっかり持つことだ。

大砲の準備を整える

大砲が持つ破壊的な能力を最大限に活用するにはチームワークが必要で、乗組員の一人ひとりが自分の役割を心得ていなければならない。運搬役が薬包を装填役のところまで運び、装填役はそれを砲身のできるだけ奥まで入れる。すると、押し込み役がラマーを使って正しい位置まで押し込む。次に砲弾を入れ、砲弾を固定するために詰め物を入れる。こうして大砲の装填が完了すると、いよいよ大砲隊長は砲撃を開始できる。

・トンピオンを外す。トンピオンとは、大砲の砲口に付ける栓のことだ。砲身の内部をできるだけ乾燥した状態にしておくため、ギリギリまで付けたままにしておく。

・タッチホール（点火口）を覆っている鉛の蓋を外し、内部を塞いでいた獣脂を塗ったロープを引き出す。

・薬包に穴を開け、慎重に火薬を火門《かもん》に詰めていき、山盛りにする。角製の火薬入れの先でその山をつぶし、忘れないように火薬入れを取り出す（点火の瞬間まで、火門《かもん》を覆っておいてもいい）。

・大砲隊に大砲を定位置まで運ばせる。

・大砲の狙いを定める。大砲隊にてこ棒とバールを使って大砲を正確な向きに向けるよう指示しよう。成功するかどうかは、敵船のどの部分を狙うかにかかっている。敵船の船尾を狙って片舷から一斉砲撃を行うと、船側を狙うより一〇倍の被害を与えられる。それに、敵は反撃に旋回砲しか使えない。

・発砲のタイミングを判断する。海のうねりと二隻の船の相対位置に留意しよう。

・道火桿《みちびざお》（安全な距離を保って火縄を保持する木製の柄《え》）で火縄を入れる容器を叩き、灰を払って海の中へ落とす。そして、火の付いた火縄を火門のすぐ後ろにある火薬に接触させるが、火薬のてっぺんは避けること。安全第一だ！

・大砲が発射されると、その反動で大砲はすさまじい力で後退する。十分距離を取って立つこと！

・親指を火門の向こう側に置く。そうすれば、空気が吹き出してもタッチホールの後ろにある火薬に火が付かない。

・大砲隊に砲身の掃除をさせる。ラマーのスポンジ部分を使って砲身の中を拭き取り、中で燃えている残骸の火を消す。

乗り込みのテクニック

敵船への乗り込みが行われるまでに、どちらの乗組員も行動を起こす準備はできている。もちろん、海賊船の乗組員がそれまで見つからないように身を隠していたり、準備砲撃を行わず、ギリギリまで味方の船になりすましたりしている場合は別だ。そうでなければ、砲撃の騒音と視界を遮る煙を通してでも、敵が乗り込む気でいるかどうかははっきりわかる。それに、船を操作して有利な位置へつけるには時間がかかる。どこから乗り込むかを決めるのはきわめて重要だが、船側または船の中央部が無難だろう。船尾からの乗り込みはお勧めしない。船尾には旋回砲が設置されていることが多いし、船尾は高くなっていて上りにくいからだ。船長はおそらく、不意打ちによって優位に立とうと、夜襲を選択するだろう。だが、夜の攻撃は、相手だけでなく、攻撃する側にも大きな混乱が生じるおそれがある。敵船へ乗り込む通路を確保するために、長いロープに鉤《かぎ》を付けたものを準備しておこう。そして、真に熟練した操舵手なら、バウスプリット（船首の先に飛び出して付いている円材）が乗り込む際の足がかりになるように船を寄せていくだろう。

乗組員の人数が多いと、たいていは献身的な乗り込み隊が結成されている。二隻の船は波に揺られて大きく上下するので、船から船へ飛び移るのは至難のわざだ。二隻の船が突然離れると、船を結びつけていたロープが切れて、乗り込みの機会が失われることもあれば、乗り込み隊員が敵船の甲板に置き去りになることさえある。そのリスクはきわめて大きいが、それでもきみは、一番乗りに名乗りを上げるだろう。たっぷり報酬がもらえるし、やっつけた敵から好きな武器を奪えるからだ。これは戦利品の分け前とは別の、嬉しいおまけだ——ただし、きみが生き延びられたらの話だが。いよいよ拳銃とカトラス、それに斧を持って戦うときが来た。敵の防御を打ち破るために、手投げ弾も持っていくといい。きみの仲間には、マスケット銃やブランダーバスの撃ち手もいるだろう。また、くさびで敵の大砲の砲口を固く締めたり、スパイクを使って敵の大砲のタッチホールを閉めて使えなくしたりする技術に長けた者も必要だ。敵船に乗り込んだら、船長は敵の乗組員の配置を考慮して、どこを攻撃するかを判断しなけ

海賊が武器を手に闘志をみなぎらせて、スペインのガレオン船の船側からよじ登ろうとしている。これは非常に困難な行動だ。不安定な船からよじ登ることになるし、船上の敵から攻撃を受けるからだ。

ればならない。敵は船底へ退却して、閉じこもっているかもしれないし、甲板に留まって、戦う決意を固めているかもしれない。後者の場合、甲板や索具に可能な限り砲撃を行い、敵を倒しておいてから乗り込み隊に引き継ぐべきだ。煙が立ちこめているだろうが、マスケット銃の撃ち手は煙の中でも危険を察知して、対処する必要がある。きみは何をすべきかと言うと、敵の乗組員と取っ組み合いを始める前に、まずきみたちが入ってくるのを妨げるためにあたりに張られている、網や布をカトラスで切り裂いていこう。

乗り込んだとき、敵が甲板の下に隠れていたら、反撃に要注意だ。フランスの私掠船船長ジャン・ドゥブレはイギリス船を襲撃した際、このことに気づいた。彼は手投げ弾を使って敵の甲板を一掃したが、敵は小窓から彼めがけてブランダーバス

イギリスの私掠船の一団が、餌食の船と接近戦で戦っている。右下の男が当然のように拳銃を棍棒として使っていることに注目。

を発射してきた。弾は逸れたが、同時にドアが開いて敵が出現し、立て続けに銃が発射され、その後もカトラスによる攻撃が続いた。このような卑劣な攻撃に襲われながらも、ドゥブレは生き延びた！

きみの船が乗り込まれそうになったら、武器の準備はできているので、至近距離から最後に一度砲撃を行う時間はある。また、乗組員は安全な場所に逃げながら、甲板で爆発物をお見舞いすれば、乗り込んでくる敵を足止めできるだろう。攻撃される側の船長が、常に乗組員の安全を優先してくれるとは限らない。フランスのクロード・ド・フォルバン伯爵が、オランダの私掠船に乗り込んだときの話を思い出す。私掠船の船長は、乗組員に安全な甲板下に隠れるよう命じるどころか、自分だけ甲板下に逃れ、敵が入ってこないよう外からハッチを閉めさせた。そのため、乗組員は退却することも隠れることもできず、死ぬまで戦うしかなかった。

どんな作戦をとっても、最後は血みどろの戦いになる。きみも拳銃を発射し、その後カトラスを握ることになるだろう（拳銃に再び弾丸を込める時間はない）。足元にも注意しよう。敵はきみを転ばせようと甲板に乾豆をばらまいたり、鉄菱をまき散らしたりしているかもしれない。鉄菱とはとげの付いた鉄製の不快な小道具で、常にひとつのとげが上を向くようにできている。これを踏みつけたら、たちまち移動速度が落ちるので、敵はやすやすときみを狙い撃ちするだろう。

その後は接近戦になる。きみが戦闘への準備を整えるのに、俺が言うことは何の役にも立た

海賊の襲撃を受けた船の乗組員が、慌てて甲板の下に隠れ、船体の比較的安全な場所から戦いが終了するのを待とうとしている。

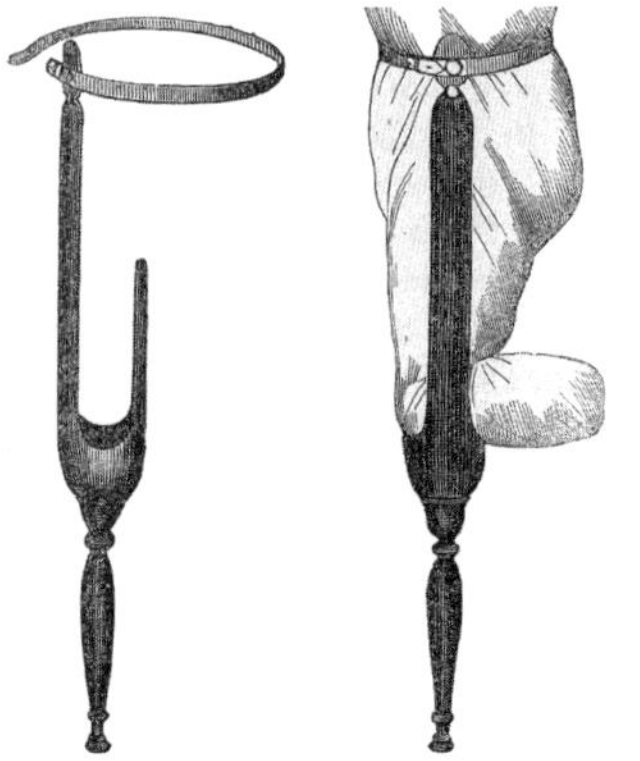

海賊と言えば、誰もが木の義足（と眼帯！）を思い浮かべるだろう。だが、負傷者はたいてい四肢の切断中に命を落としたので、義足を付けている者はむしろ幸運な男と見なされたに違いない。

ないだろう。戦いの後に何が残るか考えてみてほしい。切断された手足に損傷した頭蓋骨、刃物や弾丸による見るもおぞましい傷だ。船医は最善を尽くすだろうが、手足の損傷がひどければ、切断するしかない。年老いた乗組員が木の義足を付けて歩いているのは、そういう訳だ。人命が失われるだけでなく、財宝もなくすかもしれない。船の積み荷が何かの拍子に燃えてしまうこともある。あるいは、船長が乗組員の卑劣な行いを阻止しようと心を決め、故意に積み荷を海に投げ捨てるかもしれない。こうしたことを考えると、ほとんどの海賊船船長が戦うより交渉を好む理由がわかるだろう……。

最後に、海賊船の甲板で繰り広げられた最も有名な戦いを思い出してほしい。その船は、黒髭率いるスループ船のアドベンチャー号だ。一七一八年一一月二二日、アドベンチャー号はノースカロライナ沖で、イギリス王室海軍大尉ロバート・メイナード率いる六〇余名が乗った二隻の船に急襲された。黒髭は碇の綱を切って逃れよう

黒髭の首が、ロバート・メイナード大尉のイギリス海軍艦船パール号の船首に、勝利（と報奨金を受け取る資格）の証として吊るされている。

としたが、その朝は風がなかったために逃げられなかった。それで、乗組員は勇敢にも敵と戦う覚悟を決めた。彼らは敵船の甲板を砲撃し、これでイギリス海軍の船はほぼ機能不全になったと思ったが、黒髭の手下が敵船に乗り込んでみると、自分たちの方が急襲の餌食であることに気づいた。敵船の乗組員が、最初の砲撃を避けて隠れていた甲板下の船室から姿を現したのだ。こうして、イギリス船の乗組員は、悪名高き海賊船船長を相手に勝利し、自船のバウスプリットに黒髭の首を吊るし、勝利を宣言した（襲撃を考えている他の海賊に対する効果的な警告となった）。

略奪と捕虜

財宝が積まれていると当たりを付けたら、海賊の名に恥じない海賊ならその船を略奪するだろう。東インド会社の船舶なら、スパイス、金、布といった高価な略奪品が手に入るだろう。こうしたお宝以外にも、金庫、海図、地図、航海術の指南書なども積んでいるはずだ。信頼できる地図や海図には高い価値がある。また、ラッターと呼ばれる海の危険な場所を教える航海記録も非常に重要だった。一六八一年にバーソロミュー・シャープがスペイン船舶を拿捕したとき、スペイン船の乗組員は自分たちの航海記録を海に投げ捨てたが、シャープは取り戻した。彼が航海記録を手に入れたのを見て、スペイン人たちは嘆き悲しんだ。シャープがその記録に含まれる情報に基づいて、新たな征服を企てるに決まっているからだ。

甲板の下には、食料や飲み物はもちろん、新しい帆がしまってある場合もあり、略奪者を大いに喜ばせる。船長が、さらなる危険——例えば、船団の護衛艦が追いかけてくるとか——から安全に逃れるまで待てと止めなければ、おそらく勝利によって気分が高揚した海賊たちは、たちまち船上のありとあらゆる酒を飲みつくすだろう。砂糖や奴隷など、略奪した積み荷は、利益を確保するには売却する必要があるが、そのためには、船長は海賊に友好的な港を見つけなければならない。こうした事情もあって、「海賊の安息地《パイレーツ・ヘイブン》」という概念が生まれた。すなわち、当局の介入もなく、余計な質問をされることもなく、品物を売却したり交換したりできる場所のことだ。そのひとつがバハマ諸島のニュー・プロビデンス島だったが、一七一八年の海軍による奇襲で港が閉鎖に追い込まれた。積み荷が売却できそうもないとわかると、海賊団は略奪に成功しても、食べ物、飲み物、通貨以外のものには見向きもせず、略奪ごっこを楽しん

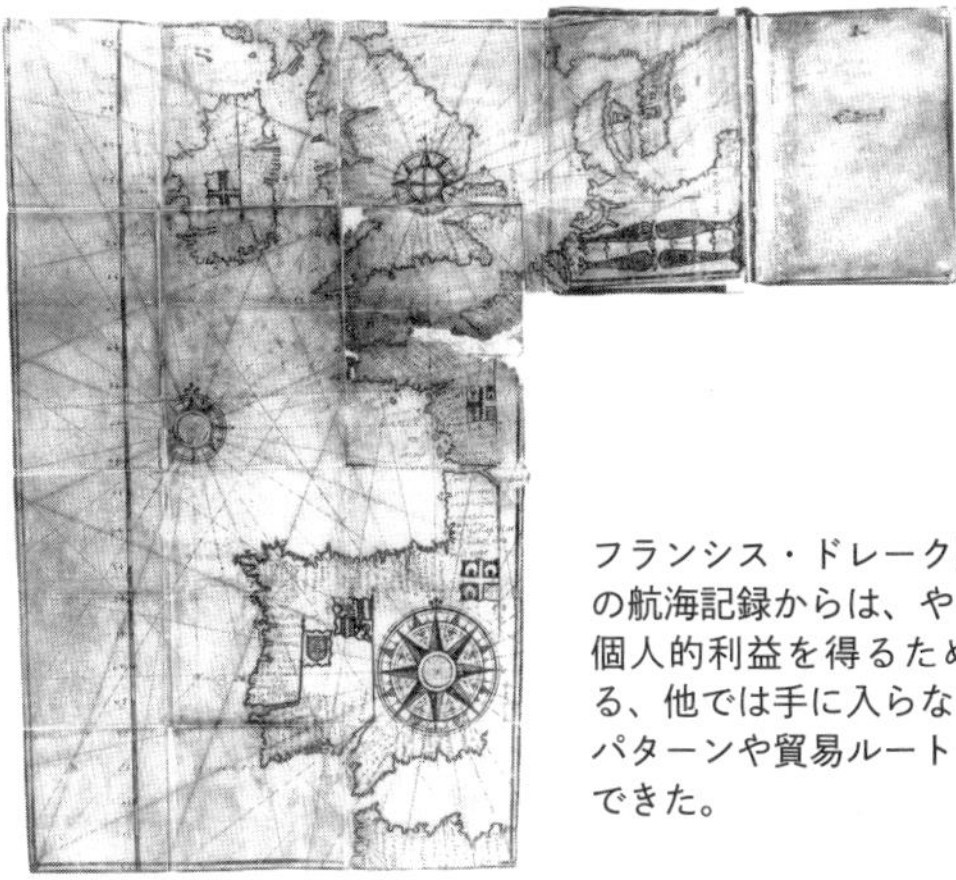

フランシス・ドレーク卿の手帳。この航海記録からは、やり手の海賊が個人的利益を得るために利用できる、他では手に入らないような気象パターンや貿易ルートの情報が入手できた。

だあとは、すべて船外へ投げ捨ててしまうようになった。

私掠船による略奪には、厳格な掟がある。私掠船乗組員は政府または会社に雇われているので、略奪したものはすべて（少なくとも理論上は）出資者に渡さなければならない。とは言っても、通常はいくらか自由裁量が認められていて、略奪品の一部は自分のものにできる。この件については私掠免許状に記載があり、すべての略奪品に対する割合まで明記されている。略奪品の目録はクォーターマスターが保管している。しかしながら、海賊（本物の海賊！）同士の間には、このような決めごとは存在しない。取り分については、船長があらかじめ妥当な割合を決めているだろう。

最大の略奪品は船そのものだ。船の処分はどうすればいいだろう。最も安易な方法は、めぼしいものをすべて剝ぎ取ったのちに、火を放つというものだ。しかしながら、おそらく船を買い取りたいと言う人が現れる。さもなければ、身代金と引き換えに元の持ち主に返すという手もある。ただし、人の船を盗んだあとでは、交渉が多少難航するのもしかたがない！　もちろん、自分で所有するというのもアリだ。海賊船団に加えてもいいし、特に立派な船なら、主力船として使ってもいい。それまで使っていた船は、その戦いで損傷しているから、修理が必要だろう。損傷が激しい場合には、その船を安全な港に入れて、新しい船で仕事に出かけよう。

最後に、その船を力ずくで奪ったにせよ、相手がおとなしく降伏したにせよ、大勢の捕虜が自分のものになる。できるだけ早く、少なくとも勝利に酔う手下が祝宴を始める前に確保しておくべきだ。どこかに監禁して、手かせや足かせで拘束しておこう。あまり気分のいいことではないが、捕虜が反乱を起こすのを防ぐにはそうするしかない。反乱が起きたら、相手の方が数で勝るかもしれないのだから。鎖を引きちぎって海に浮かぶ牢獄を乗っ取った勇敢な船乗りの話は珍しくない。そんな目には遭いたくないだろう。

第6章　ランド・ホー！†

陸上での襲撃

陸での海賊

海賊の生活において最も重要なのは、船と船の戦いではない。陸地にこそお宝がたんまりと眠っている。海賊の黄金時代に、スペインは金貨と銀貨を鋳造しており、これが我々のお気に入りの共通通貨となった。銀貨（レアル）と金貨（エスクード）にはさまざまな種類があり、有名な「ピース・オブ・エイト（八レアル銀貨）」は銀貨の中で最も大きく、特徴的な「8」の字が印字されていて、重さは約一オンス（約二八グラム）ある。また、「ダブルーン」という金貨も聞いたことがあるだろう。これはスペイン語で「二倍」を意味するダブロンに由来し、その名の通り主要貨幣であるエスクード金貨の二倍の価値がある。このような貨幣はスパニッシュ・メイン沿岸の貿易港にふんだんに流れ込んでいたので、略奪に本腰を入れていて、あとで略奪品を売りさばく方法を心得ている船長は、きみを海沿いの町への襲撃に誘い込もうとす

† 訳注：「陸が見えたぞ！」の意

るだろう。

一六〇〇年代にカリブ海沿岸の住民から恐れられていたバッカニアのジャン・ロロネーは、陸地を襲撃して成功した海賊のひとりだ。大胆不敵なロロネーは、比較的少人数で襲撃を行った。こうして彼は短時間のうちに手際よく襲撃を行ったが、中でも最も実入りが多かったのは、ベネズエラのマラカイボの町への襲撃で、スペインドルで何千ドルも手に入れた。当時の彼の残酷きわまりない戦術は、伝説として生々しく残っている（おそらく誇張されているのだろうが）。犠牲者をズタズタに切り刻み、相手の目が飛び出すまでひもで首を絞める――ロロネーはこうしたうわさを歓迎した。自分の評判がいやが上にも恐ろしいものになるからだ。だが、皮肉なことに、ロロネー自身も非業の最期を遂げた。人食い部族に捕らえられ、食べられたと言われている。やはり、度を越えた残忍な行為でカルマを刺激するのはやめた方がいいようだ。

一方、一四世紀から一五世紀にかけて、倭寇は巨大な船団を組んで中国や朝鮮半島の町に大規模な襲撃を行ったが、これは実質的には軍隊だった。中国人の中には、略奪品のおこぼれにあずかりたいために、道案内や密告など、倭寇の味方をする不埒な輩もいた（もちろん、殺されないためにやむを得ず裏切った者もいただろうが、多くは自ら進んで共犯者になった）。多

ダブルーン金貨。海賊の真のお宝だ！

くの場合、倭寇の襲撃の目的は、奴隷の捕獲だった。職人は捕虜になっても優遇された。労働に対して報酬を与えられ、長期の襲撃に参加する海賊のために武器を作った。しかし、海賊の戦術のために悲惨な使われ方をする捕虜もいた。海賊に見える扮装をして、襲撃の際は本物の海賊軍団の先頭に立たされるのだ。しかも、その策略を密告できないように舌を切り取られる。その結果、多くの罪のない捕虜が中国人に処刑され、本物の海賊は逃げ延びた。海賊は女性の捕虜にも、中国人の軍団を攻撃させたり、自分たちの接近を隠すために、中国人の軍団の前に羊の群れを放つよう命じたりした。また、敵の攻撃を引き付けるために、海賊がひとりかふたり自爆攻撃を行った。

典型的な倭寇の攻撃は船団を組んで行われた。それぞれの船に約三〇名が乗り込み、わずか一〇〇~二〇〇メートルの間隔で航行した。他の船が窮地に陥ったときに助けられるよう、ほら貝を使って連絡し合い、船団は長いヘビがはうような形で前進した。中でも勇猛な戦士は、船団の先頭か最後尾に配置された。中国軍と対峙すると、倭寇の船長は扇を振り、手下は剣を振りかざしたが、これは蝶の群れのようと表現される効果を生み出した。そして、中国軍が固唾《かた ず》をのんで眺めている間に、倭寇は攻撃になだれ込み、剣で激しく切りつけながら、敵の陣地を急襲した。だが、狂気のような行動の中にも理性が働いていた。倭寇は、上から石を落とされるかもしれないので壁際を避け、待ち伏せを恐れて路地や狭い道は通らなかった。また、食べ物や飲み物は捕虜に毒味をさせた。そして、町に火を放つ前に、自船に火が移らないよう濡れた藁をかぶせた。

日本人は戦場ではずる賢い戦略家でもあった。一五八一年から一五八六年にかけて、フィリピンにおいてスペイン人入植者に対して数度にわたり激しい襲撃を繰り広げたが、日本の海賊は恐れることなく剣を振りかざして前進し、相手を脅して退却させ、打ち負かした。だが、最終的にスペイン人は、安全な要塞の中から、襲ってくる多数の敵兵に向けて銃弾や砲弾を浴びせかければいいと気づいた。命知らずの日本人のもうひとつの戦術は、倭寇がスペインの槍兵と戦うために身につけたものだ。こんな戦術は、ヨーロッパや南アメリカでは見たこともない。槍の攻撃を受けた日本人は、被った傷をものともせず、その攻撃をうまく利用する。自分を切りつけた、あるいは突き刺した槍をむんずとつかむと、敵の槍兵を引きずり倒し、最後は刀の一振りで始末するのだ。ところが、一五八一年の戦いでは、賢明なスペイン人の船長は、槍の上半分に油を塗らせた。こうしておけば、槍を敵の体から引き抜くことができ、日本人海賊の手から逃れられる。この作戦により、その後の戦いでは形成が逆転した。これらの計略と合わせて、要塞からの激しい砲撃を増やしたことにより、倭寇の脅威は抑制されるようになった。

海賊の襲撃の成功例とその方法

襲撃隊の装備は、陸上でも船の乗り込み隊と同様で、カトラス、拳銃、または斧が支給される。大きな違いは、食料と水も携帯しなければならないことだ。壁や門を粉砕する必要がなければ、襲撃隊が大砲を岸へ引っぱり上げることはまずない。そんなことをすれば動きが遅くなり、奇襲の効果がなくなる。武器としては拳銃やマスケット銃を選ぶべきだ。

　まず、入江に碇を下ろす。船に見張りを残し、小さなボートで上陸する。おそらく、そのまま川上へと長い距離を漕ぐことになるだろう。敵が内陸部にいることもある。最高の標的になる。ずぶ濡れになると思っておいた方がいいが、当然のことながら、薬包は濡らしてはいけない。めざす敵がいる場所にたどり着いたら、海岸

上陸したとたん、南アメリカの先住民からの攻撃に直面するイギリス人私掠船船長トーマス・カヴェンディッシュ。おそらく先住民は、侵入者が野生生物を殺すことに抗議しているのだろう。

か川岸でボートから下りるが、退却する場合に備えて、忘れずに見張りを付けておこう。しかしながら、大胆不敵な海賊の中には、退却の意思はないことを示すために、ボートを燃やす者もいる。海賊の襲撃隊は、たいていは夜明けまでマングローブの森の中に身を隠し、夜明けとともに攻撃を開始する。ただし、敵の見張り番が立っている場合は、夜襲をかけるのが最良の策だ。

さて、いよいよ倭寇の如く、標的に一斉襲撃をかけるときがきた。上陸しやすい場所がある港町であれば、難なく標的にたどり着けるだろう。そうでなければ、川を渡り、ジャングルを切り開きながら、長い距離を進まなければならない。その町が水辺から遠いほど、気づかれる可能性が高くなる。狙った敵の居場所が上陸地点からあまり離れていないのが理想的だ。長い距離を行進する間に、天候が急変することもある。突然の大雨に遭うと、火器は使いものにならなくなり、雨を避けられる町の守備隊が大いに有利になる。さらに、長い行進の間に部隊が離ればなれになるかもしれないので、たがいに認識できるように、部隊ごとに旗を掲げて歩くよう申し合わせておこう。長距離を移動するうち、一団の中からよからぬ行動に走る者も出てくる。仲間から離れて、自分でちゃちな盗みを働いたりするのだ。こうしたはぐれ者は許してはいけない。厳罰に処すべし。

行進している間に敵に見つかったら、町の守備兵はきみたちを待ち伏せして襲ってくるだろう――彼らにそれだけの危険を冒す勇気があればの話だが。この事態を避けるには、あまり知

『パイルの海賊の本 Plyle's Book of Pirates』に収められたハワード・パイルの絵には、陸上で活動する海賊が町を占領した様子が描かれている。

られていない道を行くといい。そうなると、地元の案内人がいれば大いに役立つ。だから、敵の見張り兵に出くわしても、すぐに殺してはいけない。価値のある情報を提供してくれるかもしれない。一六二三年頃、シャム（現在のタイ）の古都アユタヤを襲ったジャワ島の海賊団の話からは、攻撃をかけられるまで接近する前に敵に気づかれたら、いかに不利であるかを示している。シャム王は以前、反乱に加わった八人の日本兵を拘束した際に、シャムを侵略者から解放するのに手を貸したら、自由の身にすると約束した。日本兵は果敢に行動し、できるだけ多くのシャム兵に日本の鎧《よろい》と兜を身につけさせるよう提案した。その姿を見たら、攻撃者は間違いなく恐れおののくだろうというのだ。七〇着の鎧が見つかり、八頭の戦象が準備できた。八人の日本の侍は変装したシャム兵の指揮をとり、それ以外の五〇〇人のシャム兵と協力して、象に小型の大砲二門を引かせた。この軍団は海岸に向かって進み、ジャワの海賊船が見えるところまで来ると、激しい砲撃を開始した。この砲撃で船団はあっという間にすべて沈没し、海賊は慌てて退却した。

象から発射された砲弾がきみに向かってくるとは思わないが、常に警戒を怠ってはいけない。そして、めざす敵にある程度近づいたら、前もって「決死隊」を派遣し、敵の防御の様子を探らせ、長所や弱みを明らかにしておくのは良い考えだ。町の防御が脆弱なら、すぐにでも急襲するのが賢明だろう。夜明けまで待った方がいいのは、夜通し行進してきて、兵が休息を必要としているときだけだ。征服すべき要塞を観察してみよう。要塞とひとことでいっても、砂袋を積み上げただけのものから、カルタヘナやパナマの要塞のように、立派な石壁で囲まれたものまでさまざまだ。要塞への攻撃には手投げ弾が有効だ。また、マスケット銃の射手には砲兵を狙わせよう——大砲は砲兵がいないと弾を撃てない！　防御を突破しても、大きな危険が待っている。命知らずの守備兵が、行く先々できみを待ち伏せしている。だから、決して警戒を緩めてはならない。

その町を制圧したら、身の安全を確保する必要がある。手下たちが略奪に熱中するあまり、このことを忘れないよう注意が必要だ。スペインでは、町の平安を維持するのに最適の場所は教会だ。教会の中へ入り、戦利品を与え給うたことを神に感謝しよう。スペイン人は、反撃すれば教会を破壊することになるなら、反撃を思いとどまるからだ。教会の塔に見張り番を置き、襲ってくる者がいないか監視させよう。こうしておけば、比較的安全な状態で略奪を行うことができる。町を襲った目的が略奪だけなら、さっさとすませることだ。ぐずぐずしていると、援軍がやってくる。

大規模な海賊の襲撃

海賊として活動計画を立てるときは、常に見倣うべきお手本を探すといい。他人に危険を冒してもらって、その成功や失敗から学ぶのだ。では、海賊史上最も有名な陸上での襲撃をいくつか紹介しよう。

浙江省、一五五六年

極東で行われた最大の襲撃のひとつは、徐海《じょかい》と王直《おうちょく》と呼ばれるふたりの中国人海賊が画策したものだ。ふたりは一五五六年の春と夏に、中国の浙江《せっこう》省に対して大規模な襲撃を行った。日本から出航した数千人の倭寇は揚子江の河口近くに上陸したが、一方で上海を襲撃した海賊もいた。だが、これらの活動は、彼らの真の標的を隠すための陽動作戦にすぎなかった。彼らの真の標的は、桐郷県《とうきょうけん》城〔現在の浙江省嘉興市に築かれていた城〕だった。襲撃の中心となる軍団は、上陸すると船を破壊した。これは決して撤退しないという大胆な決意表明だった。

彼らに立ち向かったのが明朝の中国人指導者胡宗憲《こそうけん》で、狡猾な策略を用いて、戦力的に勝る

倭寇の活動地域

敵軍に打ち勝った。例えば、船に毒を入れた酒を積み込むという単純な方法で、敵の一部隊を食い止めた。倭寇たちは、胡宗憲《こそうけん》の目論見通り毒酒を飲んで浮かれ騒いでいたが、結果的に命を落とした。それでも、徐海《じょかい》の主要軍団は桐郷県《とうきょうけん》城に到着し、大砲、船に積み込んだ攻城塔〔木造の移動式やぐら〕、運搬可能な枠に吊り下げた巨大なくい打ち用の槌《つち》など、さまざまな高性能の武器を使って町を包囲した。だが、築かれて間もない城壁は、激しい攻撃によく持ちこたえた。倭寇は守備隊を飢えさせて降伏に追い込もうとしたが、町は十分な備えをしていた。業を煮やした海賊は、五か月間惨めな攻撃を続けた末に、征服を断念した。

　桐郷県城の包囲が解かれると、胡宗憲は、今ごろ倭寇は、よそで略奪した戦利品をどうやって日本に持ち帰るか思案しているに違いないと推測した。倭寇は到着したときに船を焼いてしまっていたため、拿捕した中国船に略奪品を載せたが、その船列はワニのように長く伸び、攻撃を受けやすかった。それで、胡宗憲は倭寇に対し、自ら降伏した者は中国軍に雇用し、日本への帰国を望む者には船を与えて望みをかなえようと提案した。これは大胆な賭けだった。倭寇の首領間に今後について意見の対立があるのを胡宗憲は認識し、仲違いするのを見守った。張り合う倭寇の指揮官たちはかつての首領と敵対し、内紛が勃発した。結局、長期にわたる軍事行動で疲弊し、内紛によって弱体化した倭寇軍団は自滅した。

中国当局が南シナ海で海賊を捕らえようとしている。

サン・ロレンゾ砦から見たパナマのチャグレス川河口。

パナマ、一六七一年

海賊による襲撃で史上最も有名なもののひとつは、一六七一年のヘンリー・モーガンがパナマシティのスペイン入植者を標的にしたものだ。モーガンは過去一〇年の間にその地域を何度か襲撃して成功を収めていたが、それらとは比べものにならないほど大規模な襲撃を実行すべきだと決断した。モーガンは当時すでに名高い英雄で、他ならぬモーガン船長が再びスパニッシュ・メインへ向けて出航したという知らせが海賊界に広まると、何百人もの海賊がモーガン船長の隠れ家であるイスパニョーラ島近くの無人島に集結し、攻撃の準備を進めた。モーガンは目標をパナマシティに定めたが、これは大胆な選択だった。パナマシティはパナマ地峡――カリブ海と太平洋に挟まれた細長い土地――の太平洋側にあり、私掠船乗組員はいったん陸地に上がらなければならなかったからだ。最良のルートはチャグレス川沿いに進み、ついで密林を通るというものだったが、そうすると、まず河口にあるサン・ロレンゾ砦を落とす必要があった。すばやく進めることが何より重要だった。大勢のバッカニア部隊がカリブ海に集結していることに気づいたら、スペイン人は標的になりそうな地点に、ためらうことなく増援部隊を派遣してくるだろう。それで、モーガン軍団の幹部のひとりであるブラッドリー大佐は、急いでサン・ロレンゾ砦に向かった。だが、三隻の船に乗った四七〇人の部隊では、砦から砲撃されたらひとたまりもないだろう。

それで、モーガンは陸からの攻撃を開始し、一六七一年一月六日に砦に向

パナマの地図。モーガンが取ったルートの主要地点が示されている。

モーガン船長の海賊団は襲撃後パナマに約４週間留まり、灰を掘り返して、奪える戦利品はすべて奪い取ったことを確認した。

かって行進した。敵の砲撃はすさまじかったが、何とか砦に焼夷弾や手投げ弾を投げ込めるところまで近づいた。砦はかやぶき屋根の木造建築で、ついには火がついて燃えてしまった。多くの守備兵は暗闇に紛れて逃げ出し、夜明けにバッカニアが再度攻撃すると、残っていた守備兵も殺され、砦は陥落した。激しい戦闘で、両軍に多くの死者が出た。ブラッドリー自身も数百名の私掠船乗組員とともに、この攻撃で命を落とした。数日後にヘンリー・モーガンは上陸し、数百人の手下が大急ぎで砦を修復した。三〇〇人を守備隊として砦に残し、主戦力は七隻の小船と三六隻のボート、それにカヌーを漕いで、行けるところまで川をさかのぼり、一六七一年一月一九日に、武器をかついで徒歩でジャグルに入った。

そして、一六七一年一月二八日、ようやくパナマシティの入口に到着した。両軍の規模はほぼ同じだったが、モーガンの部隊の方が武器の性能と経験で勝《まさ》っていた。騎兵隊だけがパナマ軍の強みだった。ただし、彼らには雄牛という秘密兵器があり、モーガン軍に向けて突進させようと企てていた。モーガンは一月二八日の早朝に攻撃を開始し、小さな丘を占領した。これにより、前進してくるドン・ファン〔スペインの伝説上の人物で好色な色男。ここはスペイン兵を揶揄している〕軍に対して優位に立つことができた。スペイン人の騎兵は、モーガンのフランス人狙撃兵にたやすく狙い撃ちされた。

スペイン人の歩兵は統率が取れない状態で突撃してきたが、モーガンは効果的に反撃した。雄牛の奇策も失敗に終わり、経験の浅いスペイン兵はたちまち無秩序に退却を始めた。スペイン軍は五〇〇名の死者を出したが、バッカニアの死者はわずか一五名だった。生き残りのパナマ兵を追いかけて海賊がパナマシティに戻ると、町中は混乱を極めていた。スペイン人が退却に際して、町をできるだけ広範囲に焼き払おうとしたのだ。モーガンが町の財宝を確保する前に、財宝を積んだ数隻のスペイン船が煙で覆われた町から逃走した。だが、襲撃は無益ではなかった。それから四週間、バッカニアたちは丘の上までスペインの逃亡兵を執拗に追跡し、多くのスペイン人が財宝を隠そうとした湾内の小島を襲って略奪した。戦利品は膨大な量におよび、大西洋岸まで運ぶのに一七五頭のラバが必要だった。さらに、身代金を要求するため、多数のスペイン人捕虜も連れていった。

ベラクルス、一六八三年

一六八三年、ヌエバ・エスパーニャ〔一五一九～一八二一年までの、北アメリカ大陸やカリブ海等におけるスペイン帝国の副王領〕のベラクルスの港が襲撃された。実のところ、ヘンリー・モーガンも一六七一年のパナマシティ攻撃の前に、この町を襲撃の標的として考えていた。五月一七日、オランダ人のファン・ホールン船長の指揮のもと、海賊たちがベラクルス沖合に到着した。五隻の大型船舶と八隻の小型船舶、それに一〇〇〇人以上の海賊で構成された小規模な船団だった。船団の先頭を進むのは拿捕された二隻のスペイン船で、これは町の住民に、味方のスペイン護衛船団だと思わせるための策略だった。奇襲部隊が前もって派遣され、翌日の早朝、町のほとんどの民兵がまだ眠りに就いている間に要塞を制圧したため、海賊団の大軍はやすやすと町へ入った。そして、町を略奪し、総督を含め多くの人質を取った。だが、翌日スペインの軍艦が水平線上に姿を現したのを見て、海賊は人質を連れて近くの島へと退却し、身代金が支払われるのを待った。だが、身代金はすぐには届かず、今後の方針について議論が行われた。大部分の海賊はスペイン人にもう少し猶予を与えるべきだと考えたが、短気なリーダーたちは一二人の人質の処刑を命じ、その首を警告としてベラクルスに送り付けた。それでもスペイン人が動じなかったため、ついに海賊は身代金をあきらめ、人質を置き去りにして戦利品とともに引き上げた。

このように、陸上での襲撃は、単に大海原の代わりに陸地で戦うというだけのことではない。

1671年、パナマの略奪を監督するヘンリー・モーガン船長。

陸上での襲撃は、綿密な計画を立て、相当な資源の後ろ盾があって初めて成功する軍事行動だ。少ない兵力で襲撃すれば、悲惨な結果に終わることもある。ヘンリー・モーガンや倭寇の首領は強力な軍団を指揮する権限を持っていたと思われるが、大部分の海賊船の船長は、このような強力な兵力は采配できないだろう。それでも、きみはこうした偉大な船長を理想としてめざすべきだ。さらに読み進めて、偉大な海賊船船長の仲間入りをする方法を見つけてほしい。

第7章　キャプテンになったら

友よ、本章の内容を読んで驚いてはいけない！　俺はきみが訓練した新兵が一生海賊を続けるとは思わないが、きみには船長になる素質があると見込んでいる。

海賊の管理

デキる船長の人材管理と育成

船長《キャプテン》に選ばれたら、きみの海賊団を統率するために「海賊の掟」を作成することを強く勧める。きみが乗組員に求めることを、一切曖昧さや誤解を招く表現を排除して示すのだ。リベンジ号船長ジョン・フィリップスは、一七二四年に以下のような掟を定めた。

一．すべての乗組員は命令に従わなければならない。戦利品の分け前については、船長は一・

五人分、航海長、大工、甲板長、掌砲長は一・二五人分とする（きみの分はないことに注目！）。

二．脱走を企てたり、仲間に隠しごとをしたりした者は、弾薬一瓶、水一瓶、拳銃一丁、弾丸一発を与えて置き去り刑に処す（もちろん食料はない。弾丸はおそらく自分に向けて使うことになる……？）。

三．仲間内で盗みを働いた者、賭博で八レアル銀貨一枚分以上の利益を得た者は、置き去り刑または射殺に処す（厳しすぎる！）。

四．置き去り刑に処された者に出会い、仲間の同意なく掟に同意させた者には、船長や仲間が適切とみなす罰を与える（つまり、海賊は一丸となって船長に従えということだ。脱走も許されない！）。

五．この掟に反しない範囲で仲間を傷つけた者には、裸の背中に「モーセの律法」（すなわち、鞭打ち三九回）の罰を与える（これは聖書に由来する罰で、とにかく痛い！）。

六．拳銃の撃鉄を起こした者〔発射はしなくても火花が散るため〕、キャップの付いていないパイプでタバコを吸った者、カンテラに入れずに火のついたろうそくを運んだ者には、前条と同じ罰を与える（前に火が船上ではいかに危険であるか警告したが、これでよくわかっただろう。決して火を軽々しく扱ってはいけない）。

七．武器の手入れを怠った者、戦闘時に適切な行動を取らなかった者、職務を怠けた者は、分け前を減らし、船長や仲間が適切とみなす罰を与える（拳銃の手入れを怠ると、戦闘時に役に立たない。そんなことでは、きみは仲間に対して何の役にも立たない）。

八．戦闘時に指を失った場合には銀貨四〇〇枚を、四肢のいずれかを失った場合には銀貨八〇〇枚を与える（太っ腹のように聞こえるが、海賊として失職することへの補償としてはあまりに少ない）。

九．どんな事情があろうと、堅気の女性に出会って、相手の同意なく手を出した者には即座に死を与える（女性には常に敬意を払うこと！）。

この内容を参考に準備すればいいが、掟を作成するだけでなく、きみ自身がその掟に従って

ハワード・パイルが描いた完璧な海賊船の船長。肩にマスケット銃を担ぎ、ベルトには拳銃を差している。だが、見る者を最も怖じ気づかせるのは、彼が醸し出す威厳に満ちた雰囲気だ。

生きていかねばならないということを忘れてはならない。きみが乗組員たちの良い手本になるのだ。特に重要なのは、乗組員に偽善者だと思われないことだ。そうなったら乗組員の心に不満が生じ、さらには反乱につながる。船長の立派なロールモデルと言えば黒髭だ。彼は常にしゃれた服装をして、酒は飲まず、悪態をつかず、安息日を聖なる日として守った。

罰則と規律

船長として、きみは経験豊富な船乗りたちの首領になる。海賊なんてたまたま海に出ることになった兵士にすぎないと、軽く考えて船に乗る新米の海賊に、俺は軽蔑しか感じない。そんなやつは海賊として長生きできないと断言できる。そんなやつらが乗っている船は、浅瀬に乗り上げるか、座礁するに決まっている。そこで、規律が必要になる。とは言っても、航海中の海賊船の規律の多くは、商船や軍艦のものと比べてきわめて緩い。

船内の規律正しさは船長のさじ加減で決まる。ところが、罰則と規律を混同して、ささいな行動違反に不当な罰を言い渡す船長もいる。そうなるよりは、海賊の掟で乗組員の行動規範を明確に定めて、適正に実施していく方がずっといい。喧嘩や捕虜への虐待、武器の手入れを怠ったといった、小さな違反はきみに代わってクォーターマスターが処罰する。だが、仲間の海賊を殺害したとか、戦いの最中に命令に従わなかった、あるいは船から脱走したといった最も重い違反に対しては、きみが責任を持って対処しなければならない。脱走者は、捕らえたらその場でクォーターマスターが射殺するだろうが、それ以外は裁判を行うべきだ。そうすれば、罪を犯した者は、乗組員が適正とみなす判決を受けることになる。ところで、きみは海賊をやっている間に、どんな罰を目にする——「受ける」ではないことを祈るが——ことになるだろう？

船上での女性

このような海賊の掟は、明確に船上の「男」を対象としていることがわかる。だが、女性に対してはどうだったのだろう？　海賊船での行動に関する掟の多くには、女性を船に乗せることを厳しく禁じる条項が含まれていて、ある掟には「女は弱く、無能で、ヒステリッ

チャールズ・エルム著『海賊の本 The Pirate's Own Book』の挿絵には、陸での襲撃の混乱状態に姿を見せた海賊団の女が描かれている。

クであり、男を惑わせ、船に悪運をもたらす。超自然的な風を呼び起こして船を沈め、男たちを溺死させる」とさえ書かれている。だが、歴史的文献によると、実際には女性も海賊や船乗りとして航海に出ている。ただし、女性であることを隠さざるを得ない場合が多かったようだ。海賊志望の女性は、溶け込むためには、喧嘩、悪態、度を過ぎた飲酒など、船乗りの男社会特有の習性を受け入れる必要がある。変装そのものは難しくない。海賊は髪を長く伸ばして後ろで結び、顔にタールを塗っているので、髭を剃らなくても、他の乗組員からは、まだ思春期を迎えていないのだろうと思われるだけですむ。また、船乗りの服装といえばペチコート・ブリーチズにだぼだぼのシャツなので、女性らしい体つきを隠すのも簡単だ。それに、海賊が服を脱ぐのは、傷の手当てをするために、医者に脱げと言われたときぐらいだ。二年間海賊として活動した勇敢な女性、ビリー・ブライドルの逸話を紹介しよう。一番高いマストに登ろうと船員仲間を挑発し、ビリーが後から登ったが、下りるときに男が手を放したため、ビリーは甲板に落ちて死んでしまった。検死をして初めて、ビリーがレイチェル・ヤングという名の若い娘だったことが判明した。

女性はタフである。帆を張ったりたたんだり、ポンプを押したり、ボートを漕いだり、船上には重労働を必要とする多くの仕事があるが、ほとんどの女性は苦もなくやってのける。陸上でも長時間働き、肉体的にきつい仕事もこなす。強靱でやる気さえあれば、女性であっても海賊の仕事は十分に可能だ。それに、仲間の乗組員も理解を示してくれるだろう。アン・ボニー、メアリー・リード、レイチェル・ウォールの場合を考えても、みな仲間から重要なメンバーとして認められていた。

烙印《らくいん》

きみが手下にこの罰を与えることはないだろうが、すべての海賊は、この厳しい罰を受ける恐れがあることを認識しておくべきだ。この罰は当局が与える。なぜなら、罪人に赤く焼けた鉄で烙印を押しておけば、将来再び不品行を働いた場合、すぐに身元を特定できるからだ。東インド会社は海賊を捕らえると、額に「P」の烙印を押した。船長が乗組員に烙印を押すのは、かなり重大な規則違反を犯したときのみだ。烙印を押された乗組員は、その後どこへ行こうと命の危険にさらされることになるからだ。

キールホール

キールホールは最も後味の悪い重罰だ。まず、潜水夫が海に潜って船底の下にロープを渡す。ロープの準備が終わると、罪人をロープの片端にくくりつけ、船外へ投げ込む。それから乗組員がもう片方の端を引っぱって、罪人を海の中へ引きずり込む。処罰を長引かせたいなら、海に投げ込む前に罪人の手首を縛り、足首を重りのついた縄で縛って最も高い帆桁《ほげた》まで釣り上げ、罪人を吊るして苦痛を味わわせることもできる。その後乗組員のひとりが、溺死を防ぐために油布で罪人の顔を覆う。それから海へ投げ込み、ロープを引っぱって罪人を船体の下へ引きずり込む。すると、反対側の水面に顔を出す前に、船底に付いたフジツボが皮膚を切り裂く。この罰は昔から三度繰り返すのがきまりなので、厳しい試練を生き延びる人間はごくまれだ。キールホールを単純化したものとして、トウィング（牽引）という罰もある。これは罪人を船尾に固定した縄につなぐというものだ。船が航行を続ける間、罪人は冷たい海の中を引きずられ、低体温症と体力の消耗で死に至る。温かい海では、サメが待っていることだろう……。

板歩きの刑

この刑罰の話は聞いたことがあると思うが、実際にいつ執行されたかについて、確かな実例

鎖につながれた囚人が当局の手で烙印を押されている。受刑者は一生消えない罪の印を背負うことになるため、とりわけ非情な罰である。

キールホールは死刑も同然の、最も残酷で加虐的な罰だ。罪人は溺れかけた状態で、船底に付着したフジツボに皮膚を切り裂かれることになる。

板歩きの刑は、海賊に対するすべての処罰の中で、おそらく最もよく知られているものだ。しかしながら、海賊の黄金時代に実際に執行された可能性は低い。にもかかわらず、ハワード・パイルはその著書に、この罰が執行される場面を劇的に描いている。不運な受刑者は体を縛られているだけでなく、目隠しもされている。

は思い当たらない。昔からこの刑罰は、有罪判決を受けた乗組員ではなく、逃亡して捕まった罪人に与えられるとされている。なので、ずる賢い海賊が、海賊の評判をさらに恐ろしいものにするために、この罰をでっち上げただけかもしれない。聞いた話によると、罪人は背中に剣を突きつけられて、船から海に突き出した厚板の上を歩くよう強いられ、ひどい心理的苦痛を味わったあげく、最後に板の端から転落する。やってみるか？——先駆者になれるぞ！

タール羽根の刑

この罰は苦痛よりむしろ屈辱を与えるものだ。罪人はタールの中を転がされたあとで羽毛を投げつけられ、まるで大きなカモメのような姿になる。罪人は滑稽な姿になって、恥ずかしい思いをする。しかも、仲間はなかなかこの試練を忘れてさせてくれない。このような屈辱は、罪人と目撃者の双方にとっ

罪人は体にタールを塗られて、羽毛を付着させられる。これは屈辱を与えるための処罰だ。

海賊は法に違反して捕らえられると、船長または当局によって鞭打ちの刑に処せられる。不運にも捕らえられた海賊が味わう数々の苦痛の中で、鞭打ちはほんの序の口にすぎない。

て有効な犯罪抑止策になる。

鞭打ち

海賊に最もよく科された刑罰は鞭打ちで、「九尾の猫」と呼ばれる特殊な鞭を使う。この鞭は、九本の太い縄の房をほどいて端でひとつに結び、全体にタールを塗る。この恐ろしい縄が最大の効果を上げるように、それぞれの房の端に釣り針や金属の玉が付けられる。鞭打ちの刑を受ける者はシャツを脱がされ、四〇回の鞭打ちを受けても倒れないように大砲に縛り付けられる。鞭打ちのあとで「塩（酢）漬け」という刑罰が加わることもある。これは、鞭打ちの傷に塩水または酢をかけるというものだ。この刑罰は、イギリス王室海軍司令長官や司法当局も使っている。

置き去り刑

だが、これらの刑罰も、最も恐ろしい刑罰、すなわち置き去り刑と比べればまだマシかと思える。この罰が科されるのは、乗組員から金品を盗んだり、戦闘時に任務を放棄したり、反乱を（不必要に）煽ったりした最も凶悪な犯罪者だけだ。「島の総督」に任命されるのは、海賊にとってこの上なく残酷な苦しみである。きみもこの刑に処された海賊の話は聞いたことがあるだろう。この刑罰は、今では海賊の存在と同じくらい有名になっている。キールホールに処せられた海賊は、苦しんでも短時間で死に至るが、それに比べて、置き去り刑は長時間かけて、徐々に死に近づいていく。通常は罪人や反逆者が無人島にひとり残されて死んでいくが、ときには反乱を起こした乗組員に船を乗っ取

アレキサンダー・セルカークは孤島に置き去りにされたが、そこでの生活に満足していた。

られた船長の身に降りかかることもある。船長のエドワード・イングランドは、乗組員に反乱を起こされ、ふたりの忠実な手下とともにモーリシャス島に置き去りにされてしまった。

船が遠く去っていくのを見送るのは、どんな気がするものか想像してみるといい。置き去り刑は死を意味するに等しく、わざわざ食料など生きていくための資源が得られない島が選ばれる。船長の中には数時間のうちに潮が満ちる砂州を選ぶ者さえいる。ジョン・フィリップの「海賊の掟」には、置き去り刑に処せられる海賊には火薬一瓶、水一瓶、拳銃一丁、弾丸一発を置いていくとはっきり書いてあっただろう。拳銃と弾丸を与えるのは、言うまでもなく、自分が置かれた状況に絶望して、さっさと自殺しろということだ。食べ物は探せば手に入るかもしれないが、真水がなければどうなる？　何より悲惨なのは、置き去りにされた海賊は、たとえ通りかかった船が彼に気づいたとしても、どうせ救出してもらえないとあきらめてしまうことだ。その船の乗組員は、彼は海賊の掟を破ったのではないかと疑い、そんな男を船に乗せてやろうとは思わないだろうと考えるのだ。

とはいえ、置き去りにされた海賊がまれに生き延びることもある。アレキサンダー・セルカークという水夫の話を聞いたことがあるだろう。彼はチリから四〇〇マイル（約六四四キロ）西に位置する島に置き去りにされた。幸運なことに、その島にはヤギなどの野生動物が多く生息していて、彼はその肉を食べ、皮を衣服にした。実際のところ、彼は平穏な島の生活に満ち足りていたため、通りかかった船に発見されたとき、島を離れがたい思いにかられたという。だが、

ネッド・ロウの手下が傷を負ったスペイン人を銃で撃っている。ロウは残虐だという評判を得ていたが、手下にも同様の者がいた。

フィリップ・アシュトンという男の場合は、また事情が異なる。彼はマサチューセッツ州マーブルヘッド出身の一九歳の漁師で、一七二二年六月にカナダのノバスコシアでネッド・ロウ率いる海賊団に漁場で拿捕された。ロウは何人かの漁師に、仲間に入って海賊にならないかと説得したが、アシュトンは拒否した。後の記録によると、アシュトンは殴られ、鞭打たれ、鎖でつながれて、何度も殺すぞと脅された。その後西インド諸島へ連れていかれ、ホンジュラス沿岸のロアタン島で水を探しに行くことを許されたとき、海賊の監視をかいくぐって逃走した。すると船は彼を置いて出航してしまい、アシュトンは自分から逃げたとはいえ、事実上置き去りになった。幸い、島には生き延びられるだけの動植物が存在し、主にカニや魚、海鳥の卵を食べて持ちこたえた。島で暮らし始めて六か月経ったとき、ダブ船長率いるセーラムのダイヤモンド号が水を補給するためにこの島に立ち寄り、彼を救出した。アシュトンは一七二五年五月に無事故国へ帰還した。

同様に、海賊の一団がウィリアム・グ

リーナウェイ船長の船を拿捕した際、船長は海賊になるのを拒否したため、置き去りにされた。最初海賊は船長と七人の乗組員を、食料も水も衣服も与えずにバハマの無人島に置き去りにしたが、その後良心の呵責を感じたらしく、戻ってきて、海岸から一マイル（約一・六キロ）の地点に停泊中の拿捕したスループ船に移した。けれども、さほど後ろめたさは感じていなかったようで、ここでも食料を与えずに置き去りにした。希望は絶たれたように見えたが、グリーナウェイは岸まで泳ぎ着くと、いかだを作って、食料を携えて船に戻った。ところが、海賊は今度も放っておかなかった。船に戻り、船長らがスループ船の帆と索具を修理したと知ると、船を沈めて船長たちを再び無人島へ戻してしまった。八日後、海賊たちは再び戻ってきて、グリーナウェイ船長とふたりの乗組員を無理やり仲間に引き入れた。海賊はその後も二度戻ってきた。一度は食料を置くため、二度目は残っていた乗組員が立てた住みかを燃やすためだった。その後間もなくスペイン人が海賊を捕らえ、置き去りにした男たちのことを聞くと、ただちに救出に向かった。

反乱——船長の悪夢

言うまでもないが、きみは船長として罰を与える以上、反乱という最も重い仕打ちを受ける危険にさらされることを自覚しなければならない。反乱は船長の権威に対する、最大の挑戦だ。乗組員は、船長を追放して船を自分たちの思うように支配したいというやむにやまれぬ思いか

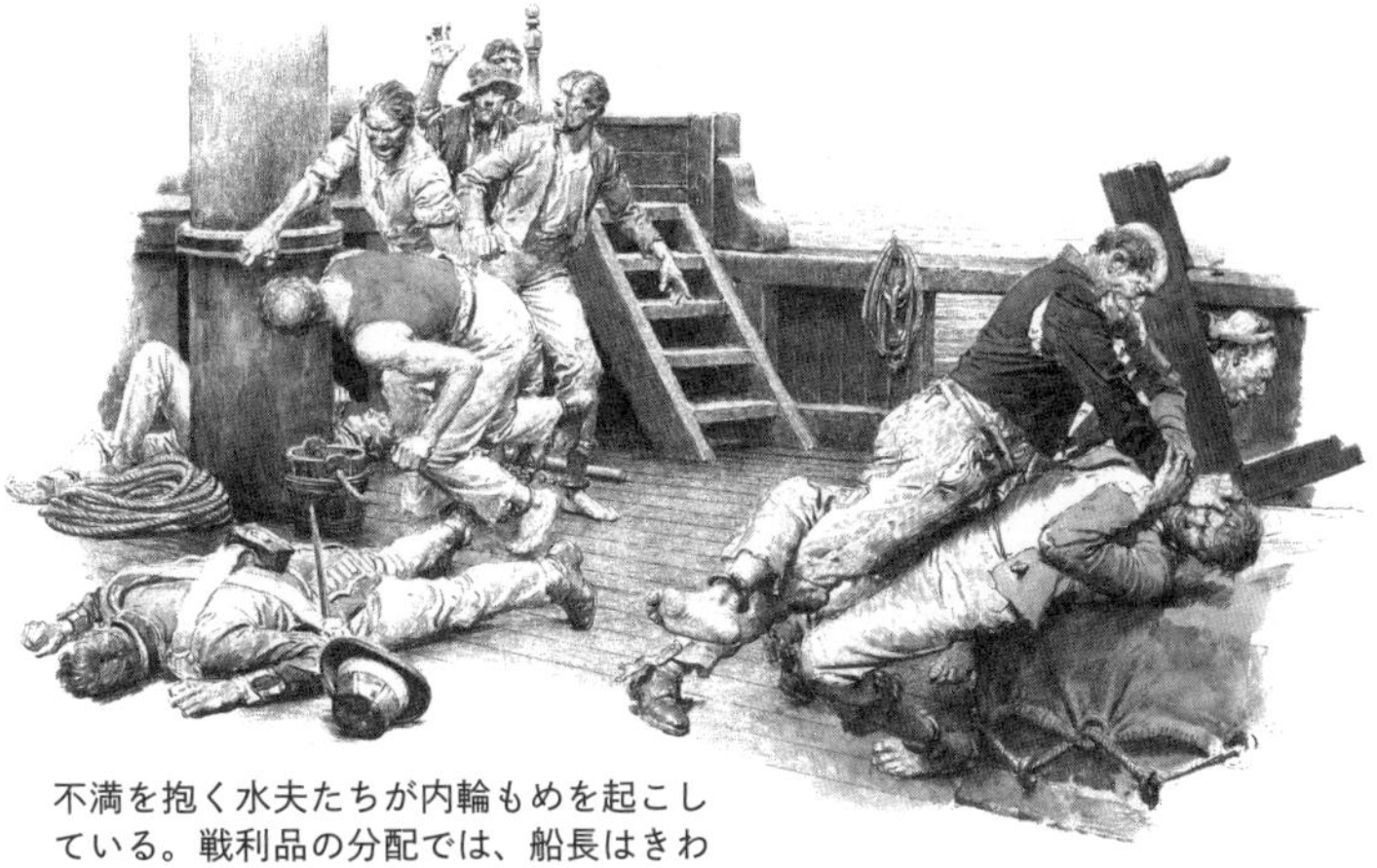

不満を抱く水夫たちが内輪もめを起こしている。戦利品の分配では、船長はきわめて大きな犠牲を払うこともある。

ら、反乱という最終手段に出る。反乱は信頼に対する究極の裏切りだが、乗組員の言い分も聞かずに批判してはいけない。当然、反乱を起こすのも無理はないと思える事例もある。非情な、または無能な船長が乗組員を虐待する場合がそうだ。例えば、ネッド・ロウはボストンで艤装《ぎそう》〔船が完成したあと、索具などを装着する仕事〕の仕事をしたのちに、海賊船の船長に転身した。人並外れて冷酷な男で、自分の手下からも凶暴で残忍な船長だと思われていた。あるときは、「拿捕したナンタケット島の捕鯨船の司令官に、切り取った本人の耳に塩を振りかけて食べさせ、その後殺害した。また、スペインのガレオン船モントコバ号を拿捕したときには、自ら手を下して五三人の船員を虐殺した。ついには彼の手下が反乱を起こし、食料も与えずにロウを甲板もない小船に乗せて漂流させた（この話はハッピーエンドを迎える。二日後、ロウはフランスの船に救助さ

ファンシー号の前に立つエイヴリー船長。反乱を起こして奪い取った船だ。

れたが、彼の正体がわかると、裁判にかけられて絞首刑に処された）。

ひとりの海賊の失脚は、他の海賊にとってはチャンスとなる。一六九四年、「海賊王」と呼ばれたヘンリー・エイヴリーは反乱を主導して成功させ、海賊船の船長になった。彼は一等航海士としてチャールズ号に乗船していたが、飲んだくれの船長が眠っている間に、仲間の乗組員とともに船の実権を握った。彼らは船長をアフリカの海岸に置き去りにし、船をファンシー号と改名して、他船を略奪するために出航した。

ジョン・ゴウが船長になったのも、一七二四年一一月三日、ガレー船ジョージ号でひときわ血なまぐさい反乱を起こした後だ。七人の仲間が眠っていた船医、一等航海士、事務官ののどをかき切った。元船長のオリバー・フェルノーは、自分を船から突き落とそうとするふたりの反乱者はかわしたが、三人目の反乱者にのどをかき切られ、最後に銃でとどめを刺された。反乱者たちは彼の死体を海へ放り込み、船をリベンジ号と改名した。ぴったりの名前だ。

ウィリアム・フライは、わずか一か月という海賊史上最短の海賊人生の間に、反乱を率いる側と反乱の餌食になる側の両方を体験した。奴隷運搬船に甲板長として乗船していたフライは、船長を殺害し、船をフェイムズ・リベンジ号と改名し、海賊の首領として、北アメリカのニューイングランド沿岸を恐怖に陥れた。フライは突然怒りを爆発させる、凶暴で残忍な海賊として悪名をとどろかせ、捕虜を一〇〇回も鞭打ち、殺してしまうことも珍しくなかった。だが、ちょっとした気の緩みが破滅を招いた。忠実な乗組員の大半を他船の攻撃に派遣したあと、彼はほとんどが反感を抱いている乗組員の中で孤立状態になった。乗組員は反乱を起こし、フライを捕虜にした。彼はボストン湾で絞首刑になったあと死体を晒されたが、刑に処せられる際、やり方がなっていないと死刑執行人を叱責し、首に巻かれた縄を自分で絞め直したという逸話が残っている。

とにかく、手下からこんな仕打ちを受けないように、俺の忠告をよく肝に銘じておけ。

海賊《パイレーツ》の安息地《ヘイブン》

船上で乗組員をうまく管理することを別にすれば、きみの主な関心事のひとつは、不正取得した戦利品を、金や銀、美味な食料や強い酒、その他望み通りのものに交換できる、安全な基地や町を見つけることになるだろう。いいか、海賊船の乗組員は、略奪に成功した船の（食べ物以外の）積み荷を売れる安息の地《ヘイブン》が確保できていなければ、せっかく略奪した積み荷を破壊することで知られている。何とも勿体ないことだ。そのため、海賊は団結して、安全に積み荷

ジャマイカのキングストン湾とポート・ロイヤル。かつては海賊の安息地（パイレーツ・ヘイブン）として栄えた。

の売買ができる秘密の港を造る。すると、表向きはきみやきみの仲間の海賊を非難している商人や入植者が、常連客だとわかって驚くだろう。海賊との交易は、どんな立場の人間にとっても——とりわけ商人にとっては——大いに儲かる事業なのだ。特に、独立戦争以前の北アメリカでは、イギリスが植民地に貿易制限を課していたためこの傾向が強かった。もちろん、海賊はそんな制限など気にも留めないので、商人も課税を逃れ、自分の商品を高値で売ることができた。

とは言っても、信じないかもしれないが、海賊の安息地《パイレーツ・ヘイブン》の設立には、往々にして政府からの支援が欠かせないのだ。海賊は敵国の富を略奪したり、敵からの攻撃を受けやすい、本国から遠く離れた地域を守ったりして、権力者に価値ある貢献をしているのを忘れてはいけない。カリブ海のトルトゥーガ島に初めて造られた海賊の町トルツガは世界に名を馳せたが、それには、フランス政府がこの島を敵から守るためにバッカニアを必要としていたという事情がある。

一六〇〇年代初頭、この岩だらけの島は、通りかかるスペインの財宝運搬船を狙う冒険家や盗賊、逃亡奴隷などの雑多な集団の砦となっていた。そこで、偉大な船長ジャン・ル・ヴァスールが、島の港を守るために要塞を築いた。トルトゥーガ島へ集まってきた海賊たちは、「海の野郎ども（Breathren of the Coast）」という同胞団を組織し、独自の海賊の掟を作成したため、普通の人から見れば犯罪以外の何ものでもない行為が盛んに行われた。

同様に、ジャマイカのキングストンにあるポート・ロイヤルは、海賊の黄金時代の最も悪名高い海賊の安息地《パイレーツ・ヘイブン》のひとつだ。ジャマイカ当局はスペインからの保護と引き換えに、ポート・ロイヤル海賊にとって安全な場所だと宣言した。ほどなくこの町は、私掠船の主要な拠点となった。ヘンリー・モーガンは海賊になって間もない頃、伝説となったパナマシティ略奪の前に、ポート・ロイヤルをカリブ海のスペイン要塞襲撃の活動拠点として使っていた。一六六〇年代になると、この町の通りには居酒屋と売春宿が並び、スペイン人から勝ち取った戦利品で懐が潤っている若いバッカニアの好みに応えようと躍起になっていた。だが、いくら向こう見ずな海賊でも、ひと晩で何千スペイン・レアルも浪費していたら、たちまち困窮することはわかっていた。

リバタリア：海賊のパラダイス

海賊の伝説によると、先駆者的な盗賊の一団が、マダガスカルのセント・マリー島に海賊の安息地《パイレーツ・ヘイブン》を造り、リバタリアと呼ばれるユートピア的な共同体を設立した。彼らはそこに民主的な政府を組織し、財宝も家畜の牛もすべて仲間で平等に分けた。海賊の代議員は少なくとも年に一回は会合を開き、この共同体で生じた問題を議論した。平和を維持し、代議員の合意なしにはいかなる措置も行使できなかった。アメリカのロードアイランド生まれの有名な海賊船船長トマス・テューは、かつては裕福で影響力のある支援者の保護のもと、紅海でアラブやインドの積み荷を略奪していたが、リバタリアの艦隊の司令官に任命され、より多くの海賊がこの共同体に加入するよう勧誘する任務を負った。彼はカリスマ性に富んでいて、ニューヨーク総督トマス・フレッチャーもテューを「非常に好感の持てる男で、楽しい話を聞かせてくれる」と評したが、海賊に対して友好的すぎるとみなされ、総督の職を解かれた。一方、テューは一六九五年六月、インドのムガール帝国所有の豪華船に乗り込んだが、戦闘中に射殺された。伝説もこれで終焉を迎える。リバタリアが実在した痕跡は、いまだに発見されていない。おそらく、いつの日かもっと良い暮らしがしたいと望んだ海賊たちの想像の中にのみ存在していたのだろう。

おそらくきみも、そのうち名を挙げて、自分の海賊基地を造りたいと考えているだろう。そして、最近七つの海を荒らし回っている最下層のならず者たちを手下に引き入れるかもしれない。このような基地では、海賊の掟を適用すべきではない。乗組員たちは、これまで海の上で自制に自制を重ねてきた。だから、基地では規則なんかくそくらえだ！　武器を持ち歩くことをあまり厳しく咎めてはいけない。何の解決にもならないだろう。品物や奉仕を何も質問されずに自由に金に交換できることを、その基地の経済面での基本理念にするべきだ。真の海賊が求めているのは、犯罪者も、殺人者も、詐欺師も安心して過ごせる安息地《ヘイブン》だ。きみのささやかな基地では、たとえだまされようが、盗まれようが、殺されようが、誰も気にかけないとわかっていれば、彼らは安心してくつろげるだろう。

そういう隠れ家を造るなら、その場所が適切かどうかの判断がきわめて重要になる。バハマのニュー・プロビデンス島にあるナッソーは良いロールモデルだ。ヨーロッパと西インド諸島の中間に位置し、かつては海賊に餌食となる多くの船舶を提供していた。また、北アメリカの植民地に近いため、略奪品を売りさばくこともできた。さらに、バハマには多くの洞窟や入り江があり、追跡された際に船を隠したり、捕まる恐れなしに安全に船のカリーニングや修理を行ったりするのにうってつけだった。多数の鍾乳洞は、財宝の隠し場所として便利だし、食料や真水、修理に使う木材も豊富にある。湾を見渡せる丘の上からは何マイル先までもはっきり見通せるので、海賊は餌食となる船や敵船を、島に近づくずっと前に見つけることができ、攻撃の計画を練る時間がたっぷり取れる。だからこそ、「海賊は、寝ている間に天国の夢は見ない。ニュー・プロビデンス島に戻った夢を見る」と言われるのだ。

というわけで、慎重に計画を立てて、町を占領しよう。そこはまさしくパラダイスになるだろう！　だが、警告しておくが、おそらく、パラダイスは永遠には続かない。海賊の町の中でも最も荒っぽい町、ポート・ロイヤルの場合、一六八七年にジャマイカが反海賊法を成立させたあと、ポート・ロイヤルの「ガローズ・ポイント」は処刑場として恐れられる場所になり、「キャリコ・ジャック」・ラカム、チャールズ・ヴェインをはじめとする悪名高き海賊の、そして、数え切れないほど多くの名もなき海賊の命を奪った。ニュー・プロビデンス島の海賊の安息地《パイレーツ・ヘイブン》でさえ、バハマ海域での海賊活動を鎮圧しようとする当局の取り組みにより姿を消した。一七一八年には、バハマでの旺盛な海賊活動が入植地にとって脅威になりつつあるという恐怖が高まると、バハマ総督のウッズ・ロジャーズは、降伏した海賊にはすべて赦免を与えたが、有罪判決を受けた海賊の一団はナッソーで処刑した。それ以降、我々海賊にとって恐ろしいことに、ニュー・プロビデンス島は徐々にカリブ海における反海賊作戦の拠点となった。海賊の天国だった島が、海賊の地獄へと一変したのだ。

第8章　海賊の老後

当然、きみは略奪で大いに稼げる海賊人生を、長く続けたいと願っているだろう。だが、他の海賊のカトラスや絞首台で命を落とすのを免れたとしても、海賊を引退する日に向けて心の準備をしておいた方がいい。心配はいらない。俺の経験からすると、年老いた海賊は誰からも愛される。実際のところ、俺はこの稼業から足を洗って以来、居酒屋で自分の酒代を払ったことはほとんどない。いつだって話を聞かせてくれとか、傷跡を見せてくれとせがむやつがいる。きみもきっと戦いに疲れた、苦み走ったいい男になるだろう。これまでオウムを飼ったことがないなら、今のうちに買っておくといい。そして、「ピーシーズ・オブ・エイト！」と叫ぶように教え込んでおけば、将来ビール代は払わなくてすむだろう。だが、そのためにはまず、老人になるまで生き延びなければならないが……。

首の値打ち

幸運なことに、俺は海の上で生き延びることができた。だが、誰もが俺のように運がいいとは限らない。海賊として、きみは地元の警備隊や収税吏といった公的権力からだけでなく、きみを権力側に引き渡して懸賞金をせしめようと考える、一発屋の賞金稼ぎからも狙われる。一七一九年にバージニア州で公布された文書を読んでみるといい。「有罪判決を受けた者や殺人の決定的証拠がある者、あるいは以下の海賊を捕らえた賞金稼ぎには、次の通り報奨金を与える」

黒髭……一〇〇ポンド
それ以外の海賊船船長……四〇ポンド
海賊船副官、航海長、甲板長、大工など……二〇ポンド
下級船員……一五ポンド
一般の海賊……一〇ポンド

というわけで、極悪人として名を馳せた海賊には最高額が付くが、普通の海賊の首にも懸賞金がかかる。だから、常に警戒を怠ってはいけない。イギリスの私掠船船長ピーター・イーストンを見習うといい。彼の自慢は、捕らえにきた者に、一度も屈したことがないということだ。彼の権力の絶頂期には、その巨大で強力な船団は、四〇隻の船と一五〇〇人以上の乗組員で構成されていた。彼がどれほど注目を集めていたか想像がつくだろう。彼が最大の勝利を収めた

最重要指名手配犯だった黒髭は、副官ロバート・メイナードとその部下の手にかかって生涯を終えた。

のは、一六一〇年、カナダのニューファンドランド島でリチャード・ホイットボーン卿の船団を攻撃し、三〇隻の船を打ち負かしたときのことだ。イーストンはホイットボーンを捕らえて自分の船に乗せ、強力な相棒として海賊団に加わるよう望んだが、船上で一一週間ぜいたくにもてなしても、ホイットボーンは首を縦に振らず、国王への忠誠を貫いた。それでも、ホイットボーンはイーストンの赦免を嘆願した。それが解放に当たっての約束だった。

海賊に対する刑罰

おそらくきみは、捕まる危険性は、一生のうちに略奪で稼いだ金額と比例すると思っているのではないか。だが、そんな鉄面皮なことを言う前に、実際に捕まったらどうなるかを考えるべきだ！もちろん、周知の事実だし、聞いて驚くほどのことでもない。船乗りとその家族は、海賊に対する刑罰を十分承知している。裁判と処刑を見守る報道関係者もよく心得ている。海賊の裁判の記事は常にタブロイド版〔紙面が小さく、ゴシップ記事が多い新聞〕でもブロードシート版〔紙面が大きく、政治など知的な記事が中心の新聞〕でも人気で、イギリスや植民地で絞首刑になる直前の罪人の演説や告白は、面白おかしく記事にされて、世間に広まっていく。新聞の発行人は、海賊の処刑が行われたあとの数日は、新聞がよく売れると当てにしているくらいだ。

では、最も幸運な筋書きから始めよう。一七一八年、イギリス政府は海賊撲滅への取り組みの一環として、海賊が違法なやり方を今後一切放棄するという条件のもと、海賊全員に恩赦を行った。すると、何人かのとりわけ自己本位な海賊船船長は、その機に乗じて海賊狩りに身を転じた。これは海賊の掟に対する究極の裏切りだ！　だが、すべての海賊がこれほど簡単に自

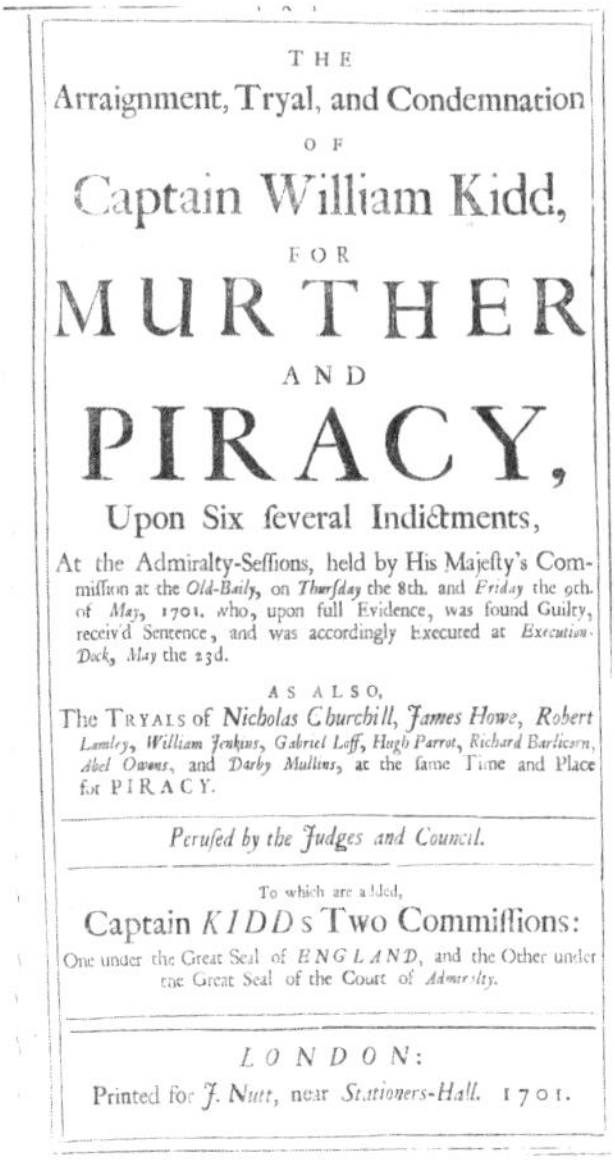

THE
Arraignment, Tryal, and Condemnation
OF
Captain William Kidd,
FOR
MURTHER
AND
PIRACY,
Upon Six ſeveral Indictments,

At the Admiralty-Seſſions, held by His Majeſty's Commiſſion at the *Old-Baily*, on *Thurſday* the 8th. and *Friday* the 9th. of *May*, 1701. who, upon full Evidence, was found Guilty, receiv'd Sentence, and was accordingly Executed at *Execution-Dock*, *May* the 23d.

AS ALSO,
The TRYALS of *Nicholas Churchill*, *James Howe*, *Robert Lamley*, *William Jenkins*, *Gabriel Loff*, *Hugh Parrot*, *Richard Barlicorn*, *Abel Owens*, and *Darby Mullins*, at the ſame Time and Place for PIRACY.

Peruſed by the Judges and Council.

To which are added,
Captain *KIDD*s Two Commiſſions:
One under the Great Seal of *ENGLAND*, and the Other under the Great Seal of the Court of *Admiralty*.

LONDON:
Printed for *J. Nutt*, near *Stationers-Hall*. 1701.

ブロードシート版新聞に掲載されたウィリアム・キッドの裁判の広告。キッドの罪状も記載されているが、それを読むと裁判で正当な判決が下されることを願わずにはいられなくなる！

らのルーツを捨てられるわけがない。黒髭はいったんは恩赦を受け入れたが、その年のうちに海賊に復帰している。また、自分から赦免を願い出る海賊もいた。有罪判決を受けた海賊が、罪を悔いて慈悲を乞うのだ。その場合、私掠船船長ピーター・イーストンがリチャード・ホイットボーンを見つけたように、裁判で親身になって助けてくれる人が見つかることもある。ただし、実際のところ、イーストンはせっかく赦免が認められたというのに、それを反故にして、海賊として腕試しをするためにバーバリー海岸へ漕ぎ出していった。もちろん、同じ海賊でも、特にすでに国家に捕らえられ苦境に陥っていた者なら、このような良きサマリア人〔困っている人を助ける情け深い人〕には大いに感謝するだろう。一七一七年、ブラック・サム・ベラミー船長の乗組員が裁判にかけられたが、投獄されている間、ピューリタンの教職者コットン・マザーは定期的に監獄に面会に訪れ、裁判中も彼らに利するよう嘆願してくれた。また、ウィダー号の大工トマス・デイビスの裁判では、デイビスは実直な船乗りで、彼の専門技術を必要としたベラミーの乗組員によって、無理やり船に乗せられたのだと巧みに主張してくれた。法廷はマザーの主張を受け入れ、デイビスは無罪放免になった。しかし、常にこれほど簡単に事が運んだわけではない。マザーが代弁者となった他の六人の乗組員は、彼の努力と本人の悔い改めにもかかわらず、絞首刑になった。裁判さえ認められない場合もある。捕まったベラミーの手下の中に、ジョン・ジュリアンという先住民族ミスキート族の男がいた。捕まった多くの黒人やアメリカ先住民と同様に、彼も裁判さえ受けられずに奴隷として売られた。

1717年に行われたウィダー号の生き残り乗組員の裁判の様子。コットン・マザーが代理人を務めた。

言うまでもないが、海賊の皆が皆、罪を悔いるわけではない。一七一八年にバハマで絞首刑になったトマス・モリスも傲岸不遜な男で、自分は「バハマにとって偉大な厄災」であること以外何も望まないと言った。一七二六年、コットン・マザーは悪名高き海賊ウィリアム・フライに悔い改めるよう説得を試みたが、フライは拒否し、絞首台に立ったときも反省の色も見えない大胆な発言をした。商船の船長は海賊に対して責任がある。彼らが実直な船乗りを虐待したり、給金の支払いを拒否したりしたから、海賊にならざるを得なくなったのだ、と。このように考えたのは彼だけではない。チャールズ・ジョンソン船長は、ブラック・サム・ベラミーがビーア船長率いるスループ船を拿捕したときの様子を書き記している。ビーア船長は、個人所有の商船の船長としての責任から、ベラミーの仲間への加入を拒否した。ベラミーは、ビーア船長のことを、海賊と同じように貧しい者から奪う金持ちに仕えている偽善者で、男の風上にも置けないと考えた。

臆病な犬は、そうでもしなきゃ自分で掠めたものを守れねえってわけだ。そんな奴らは糞食えだ。気違いの悪党どもに、腰抜けのあほうどもさ。金持ち連中は俺たちをならずもの呼ばわりするがな、奴らは法に守られて貧乏人からふんだくり、俺たちは度胸一つを頼りにかねもちから略奪する。それだけの違いさ。
(『海賊列伝　歴史を駆け抜けた海の冒険者たち　下』、チャールズ・ジョンソン著、朝比奈一郎訳、中央公論新社)

しかしながら、きみが逮捕され、裁判にかけられたときに、このような独善的な主張をしても、大して役に立たないだろう。海賊の裁判は、たとえ二〇〜三〇人の被告がまとめて裁かれるときでも、たいていは一日か二日で終わる。ほとんどの裁判では、被告に弁明の余地はないからだ。裁判では被告人が弁明を行うのが通常のやり方だが、ほとんどの海賊は無教養な船乗りなので、自分を正当化するだけの知恵がない。尋問に対する答弁は、何も言わないか、当時は酔っ払っていたと言うか、告訴されている事件は無理やりやらされた――つまり、自分が乗っていた船が海賊に拿捕され、仲間に入ることを強要された——と主張するかのどれかだ。

弁明を準備しておこう：弁護士からの助言

きみを弁護してくれるコットン・マザーのような人物が見つかる可能性は低い。それで、俺の仲間の弁護を何度か引き受けてくれた上級弁護士に相談してみた。結局は絞首刑になった者も含め、ほとんどの依頼人が、彼の助言は役立ったと言っている。彼が了承してくれたので、その助言を以下に掲載しておく。きみの役にも立つ日が来るかもしれない。

私は何年にもわたって、卓越した海の紳士たちの弁護をしてきた。そして、私の法律に関する知識を新しい世代に伝える機会を与えてくれた友人Xに感謝している。最初に言っておきたいことは、私の意見はイギリスの法律にしか適用できないし、対象とするのは国王陛下の政府から依頼を受けた私掠船乗組員に限られるということだ。また、国王陛下のために活動する私掠船乗組員がフランス人やスペイン人に捕らえられた場合には、いかなる慈悲も救済も期待できないと、はっきり断っておく。フランス人やスペイン人にとって、イギリス人海賊はどんな場合でも犯罪者であり、絞首刑は免れないだろう。

私の記憶にある中で特殊な状況は、実直な私掠船乗組員が当局によって逮捕され、一般の海賊として告発されたというものだ。私は常に依頼人には、二種類の弁明のうちのどちらかを勧めている。ひとつは、私掠免許状（請求すれば発行される）の保護のもとに海賊活動をしていると主張するもので、もうひとつは、これまでの所業はすべて、国王陛下への強い愛国心に突き動かされたものだという弁明だ。後者は動機の純粋さを証明するので、いかに頭の固い裁判官の心でも軟化するはずだ。

唯一問題が生じるのは、被告人の逮捕の原因となった活動が、イギリス国王が所有する船舶への攻撃だった場合だ。多くの判例が示すように、私掠免許状の要点は、「国王陛下の敵」であって、かつて主席裁判官スミザーズが機知を働かせて言ったように、「国王陛下の友人」とは書かれていないということだ。つまり、フランス、スペイン、アメリカ、さらにはスコットランド（一定の条件下でだが）の船舶さえも、正当な攻撃対象となる。ただし、東インド会社が所有する船舶は別だ。

気をつけなさい。検察官は裁判官の目をくらまそうとして、先に被告側が述べた国王への奉仕と強い愛国心という言葉を額面通りに受け入れて見せ、弁護側を安心させる。その上で、特に挑発的な法律家は、被告は課せられた崇高な目的を果たすために船舶を攻撃したのではなく、事実は逆で、船舶を攻撃し、個人の富を増やすために私掠免許状を受けたのだと、法廷を納得させようとする。

私が弁護した中で特に後悔が残る事例では、検察官が被告人に発行された私掠免許状を読み上げ、被告人の役割は――そのまま引用すると――「フランス人を混乱させ、商船団を破壊すること」だったと言った。そして、被告がノーサンプトン侯爵所有の船から盗んだ三〇樽のブランデーとともに捕まった際、こうした義務を法律の文面通りにか、それとも法の精神において果たしていたのか、陪審員に考えるよう求めた。「ノーサンプトン侯爵はフランス人でしょうか」と彼はしたり顔で尋ねた。「フランス人ではないなら、陪審員の皆様、被告の行動は私掠免許状の限度を超えている。被告は一般の海賊なので、この行動には絞首刑が相当です」。陪審員はこの意見に同意し、被告は死刑を宣告された。被告は上訴し、ノーサンプトン侯爵の祖先は一〇六六年のノルマン侵攻でイギリスへやってきたので、厳密に言えばフランス人だと指摘した。控訴審の裁判官はその意見に理解は示したものの、たとえ侯爵の先祖が怪しげな者であろうと、侯爵自身は国王の敵ではなく、その指摘には当たらないという理由でこの訴えを棄却した。

私の忠告は、詰まるところ、裁判ではきみの任務の正当性と、その任務を受ける要因となった強い愛国心を強調すべきだということだ。決して友好国の船を攻撃してはならない。そして、金儲けのために私掠船船員という人生を選択したという印象を与えてはならない（早い話が、すばやく、うまく嘘をつけということだ！）。

俺の優秀な友人の助言が、きみの弁護に役立つ――その必要があればだが――よう願っている。動機の純粋さを示す必要があると言われて、不安になるかもしれないが、それはきみに限ったことではない。私掠船船長のバジル・リングローズは、自分は間違いなく個人的利益のために船舶を攻撃していると、自分で航海日誌に書いている。また、長く実りのない航海のあと、骨折り損のくたびれもうけだったことに落胆した彼の仲間の乗組員は、パナマを攻撃すると決断して、こう書いている。「ここで大量の金《きん》を略奪するという我々の大きな期待は完全に消滅した。気が進まぬままこんなに遠くまでやってきたのに、何の見返りも得られなかった……そこで、我々はパナマへ行くと心を決めた。パナマなら、うまく行けば金《きん》と富への渇望を満たすだけの財宝を獲得できると確信したのだ」。これでは、リングローズ船長が裁判所でうまく立ち回れたとは思えない。

有罪!

もし有罪を宣告されたら、どうなるのだろう?

長年にわたり、イギリス人海賊の絞首刑は、テムズ川北岸にある処刑ドックで執行されている。死刑囚はロンドン橋を渡り、ロンドン塔を通り過ぎて、ワッピング地区の川の湾曲部まで引き回される。処刑台は川岸の、干潮時の水位を示す印の近くに設置されている。死刑執行の時間になると、こんな興味深い見せ物を見逃してなるものかと、群衆が川岸や川に係留されたボートに集まってくる。海賊の悪質さに応じて、死体は取り外されて墓標のない墓地に埋葬されるか、解剖のために外科医会館(Surgeon's Hall)に運ばれるか、または川の目立つ場所に晒

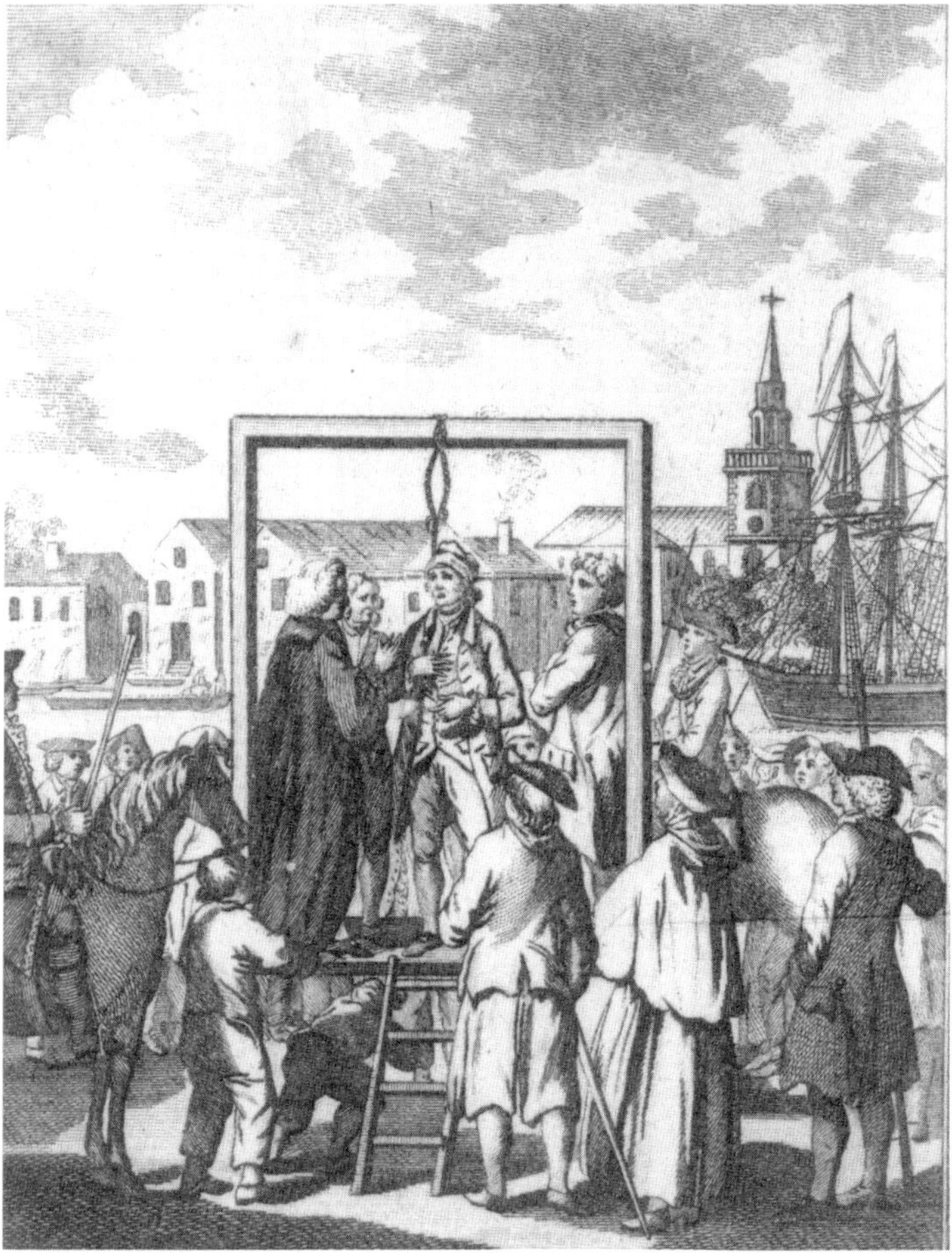

1752年、ロンドンの処刑ドックにおけるジェームズ・ローリー船長の処刑。その後多くの海賊が同じ運命をたどったが、彼らの名前は歴史の闇の中へ消えた。

された。こうしておけば、港に出入りするすべての船の乗組員の目にこの身の毛もよだつような姿が留まり、海賊になった人間の運命に思いを馳せるよすがとなるだろう。死体にはできるだけ長く原形を留めるよう処置が施される。鳥がついばむのを防ぐためにタールが塗られ、ジベットと呼ばれる晒し台に収められる。これは鉄の輪と鎖でできた特製の装具で、頭、胴体、脚を適切な位置で支えるようになっている。キャプテン・キッドの死体はこのような姿で、テムズ川下流のティルベリーポイントに二〇年以上吊り下げられていた。彼の遺骸は、海から川へ入ってくる船からは、一時間以上目に入ったことだろう。ロンドンでは、今でもこうして死体を吊り下げることは慣習のようになっていて、一六九八年に議会を通過した海賊法で、船舶

海賊の末路をなまなましく警告するために、ウィリアム・キッド船長の死体はティルベリーポイントのジベットに20年間吊るされた。

の司令官に、船上または外国の港で裁判を行うことを許可したため、被告人は裁きを受けるためにイギリスまで戻ってくる必要がなくなった。これにより、約六〇〇名の海賊が死刑に処され、これはかつてカリブ海で活動していた海賊の約一〇パーセントに当たる。

もちろん、処刑が予定通りに進行しないこともあった。海賊の処刑が人々を引き付けたのは、きわめて劇的なイベントだったからだ。一七二六年のジョン・ゴウの絞首刑では、縄が切れた。ゴウはさりげなく服に付いた汚れを払い落とすと、もう一度やり直すために自分ではしごを上っていった。一七二七年、ジャマイカのキングストンでは、地元で人気があった海賊に同情した群衆が、治安判事の死刑宣告を覆した。暴徒と化した群衆が暴力でもって海賊を絞首台から救い出したのだ。また、黒髭は、ベラミーの手下を絞首刑にするなら、ボストンの町を焼き尽くしてやると脅迫した。だが、後になって、これは口先だけの脅しだったことが判明した。

引退

きみだって面倒な裁判や絞首台にかけられるリスクなど、考えたくもないだろう。それなら、良いことを教えよう！　海賊は自ら極悪人稼業から足を洗ったあとは、どうやら充実した人生を送っているようだ。その最たる例がイギリス人のランスロット・ブラックバーン（一六五八～一七四三）だ。若い頃はカリブ海のネイビス島を拠点とするバッカニアの仲間に入り、海賊の間で牧師の役割を務めていたと言われている。一時は明らかに不埒《ふらち》な一味に加わっていたにもかかわらず、ブラックバーンはイギリスに戻ったあと、ヨーク大司教にまで出世した。また、一六七五年にベネズエラ沖のマルガリータ島を占拠したスコットランドのバッカニア「レッド・レッグス」・グリーブスの例もある。この襲撃によって海賊を引退できる富を手に入れたグリーブスは、農場経営者として平穏な生活を送っていた。ところが、以前彼の餌食になった男により、正体がばれてしまった。ポート・ロイヤルの地下牢に投獄され、死刑執行の日を待っていたところ、一六九二年に町が地震に襲われ、グリーブスは数少ない生存者のひとりとして脱走に成功した。そして、その体験に心をゆさぶられたらしく、改心して海賊ハンターとなり、王室からの恩赦を受けた。晩年は何と慈善家となり、慈善活動や公共機関に寄付をした。まさに元の職業からすると一八〇度の転換だ。

おそらくきみは残りの人生を、世間に埋もれて、新しい隣人たちに卑しむべき過去を知られることなく生きていきたいと思うだろう。その場合は、ディクシー・ブルに倣うといい。彼はかつてはメイン州のペノボスコット湾で、罠で獣を捕らえて毛皮を商う実直な猟師だったが、フランスのバッカニアに全財産を奪われて貧困に陥ったあと、一六二三年に最後の手段として海賊になった。実際のところ、多くの人が彼を最初のアメリカ人の海賊だと考えている。ブルは漁師仲間や商人、船乗りに声をかけて、商船やニューイングランド沿岸の交易所を襲わないかと勧誘したが、それを知った当局は警戒心を募らせ、五隻の船を差し向けてきた。ブルは(賢明にも)一六三三年にニューイングランドから姿を消し、それ以後彼の消息を聞くことはなかった。ただ、彼の最期に関してはさまざまなうわさがある。フランスの海賊に加わったと言う者もあれば、故郷のイギリスへ戻ったのではと考える者もあった。よく知られたバラードの歌詞では、ディクシーは剣で闘って殺されたことになっている。本当の運命は誰も知らないが、それこそ彼が望んだことなのだろう。

しかしながら、過去に海賊だったことを隠したとしても、安らかな死を迎えられるという保証はない。多くの元海賊が、異国を航海していたときに感染した病気で命を落としたり、海賊時代の無軌道な生活のために体調を崩したりしている。自然死を遂げた最も有名なバッカニアと言えば、偉大なサー・ヘンリー・モーガンだろう。死因にはいくつか説があるが、ひとつは胸水症だ。これは内臓や皮膚の隙間に液体が貯まり、苦痛を伴う病気で、彼の主治医によると「酒の飲み過ぎと夜更かし」が原因だそうだ。ということで、最も有名な海賊でさえ、銃弾に倒れるのではなく、病苦にうめきながら死を迎える可能性もあるということだ。

海上で死を迎えたら

このあたりで悪い情報も教えておこう。絞首刑になる危険に注意することも重要だが、普通の海賊で死刑という悲惨な最期を迎える者は比較的少ない。それよりも戦死や病死、あるいは溺死する海賊の方がずっと多い。つまり、きみは海の上で死ぬ可能性が高いのだ。戦闘の最中に死ぬと、死体は嘆き悲しむ仲間の手で、船べりから海へ放り込まれる。もしかしたら、時間

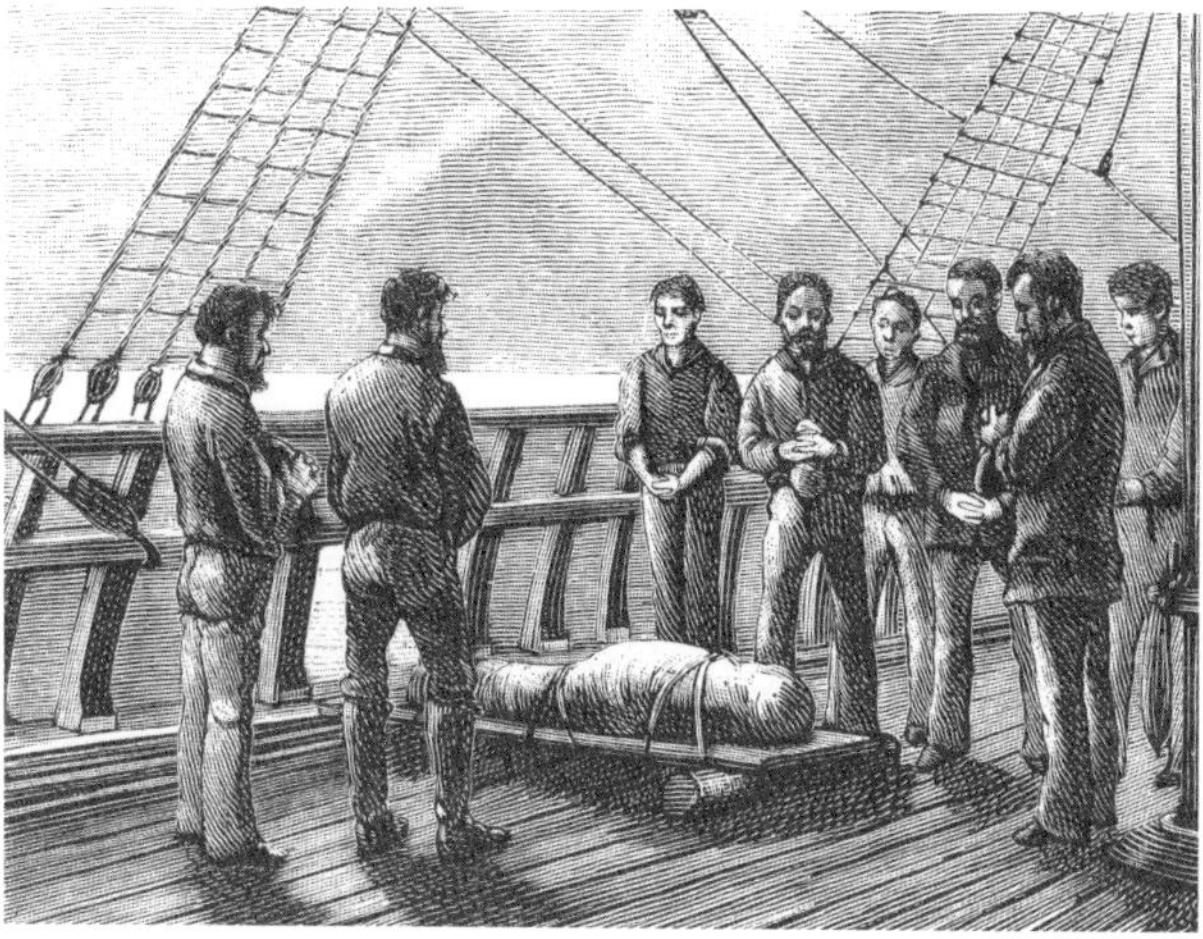

船乗りの仲間たちが死者に簡単な葬式を執り行っている。この後、死体は「デイビー・ジョーンズのロッカー（海の墓場）」へと送られる。

が許す限り、仲間がちょっとした葬式をしてくれるかもしれない。船乗りはたいていそうだが、海賊も死体を船内に置いておくのを嫌う。健康上の害があると信じているのだ。さらに、死体を保存するにはアルコールが必要だ。死者のために貴重な酒を使うのはもったいないというわけだ。その状況になれば、きみも簡単な葬式を挙げてもらって、海の藻屑となるだろう。伝統に従えば、きみの死体はハンモックの上に寝かされ、足元には二発の砲弾が置かれる（こうしておけば、死んだ船員は船についてこないと信じられている）。セイルメーカー〔帆の製造や修繕をする職人〕が一三針縫ってハンモックを閉じるが、最後の一針は死者の鼻を貫通させる。これできみは本当に死んだことになる。仲間がきみとの楽しい思い出を語ったあと、祈りが捧げられ、きみの死体は船べりの板を越えて深い海の中へ滑り落とされる。家族がいる場合は、持ち物を競売にかけて、利益の一部を近親者に渡す。

海の上で死んだ海賊は、「デイビー・ジョーンズのロッカー（海の墓場）」へ行くと言われている。一七五一年に、スコットランドの作家で詩人のトバイアス・スモレットはこう書いている。「船員によると、デイビー・ジョーンズとは深海に住む悪霊たちを統べる魔王で、ハリケーンや難破など、災難が起こる前夜にさまざまな姿で索具に座っているという。不運な船員たちに、これから起こる死や災難を警告しているのだ」。多くの海賊は、先立ってデイビー・ジョーンズのロッカーへ赴いた人々の列に加わり、そのスリルに満ちた稼業を終える。

埋蔵された宝物——海賊の恩給

もちろん、きみはさまざまな困難に打ち勝つだろうし、こうした悲惨な目に遭わずにすむかもしれない。どちらにせよ、そうなればめでたい！　きみは海賊稼業を引退して陸に上がり、これまでの努力によって得た富を享受するだろう。反乱を起こして海賊船の船長になったヘンリー・エイヴリーは、紅海で最も成功をおさめた恐るべき海賊という評判をほしいままにしたが、生涯で捕獲した船は多くなかった。それでも、拿捕したうちの二隻はインド洋で最も豪勢な船舶だった。一隻はインドの財宝運搬船で、彼の引退後の生活を支えるのに十分な金《きん》や宝石を目いっぱい積んでいた。それだけに、多くの報奨金稼ぎや財宝ハンターの注意を引き付けることになったが、賢明なエイヴリーは死ぬまで本当の隠し場所を誰にも教えなかった。うまくいけば、きみも相当な富を蓄えられる。ただし、財産をすべて食いつぶす酒や賭け事への衝動を抑制する必要がある。とりわけ重要なのは、エイヴリーのように、他の極悪非道な海賊を、きみの財宝にも、きみ自身にも近づけないことだ。

でも、どうやって？　手下の乗組員を信用してはいけない。船の中には良い隠し場所があまりないからだ。財宝を土の中に埋めた海賊の話を耳にしたことがあるだろうが、あれはなかなかいい考えだ。俺もデュライエンというフランスの海賊が、自分の船が捜索される前に、陸地のあちこちに大量の財宝を隠したという話は聞いている。その後はその財産を使って何不自由なく長生きしたが、俺はムッシュ・デュライエンが本当に財宝を土の中に埋めたとは思っていない。キャ

パイルが描いたキャプテン・キッドの挿絵。最も信頼できる手下が財宝を埋めるのを監督している。

プテン・キッドは、逮捕される直前に財宝を埋めたことで知られている（だが、これが裏目に出た。財宝は発見され、裁判で不利な証拠として使われたからだ）。実際、一般市民の中にもお金を庭に埋めるやつがたくさんいる。だから、必要に迫られたら、財宝を埋めるのもいい。だが、埋めた場所は必ず覚えておき、誰にも教えてはいけない。よく小説で、海賊が宝のありかを示す地図を描き、財宝が埋まっている場所に「×」を付ける場面が出てくる。しかし、あれは本当にいい考えだろうか？

いいか、そもそも何のために財宝を埋めるかと言えば、誰にも知られたくないからだ。黒髭は莫大な富を貯めこんだに違いないが、彼が死んだとき、最後にいた場所を捜して見つかったのは、ココア、砂糖、綿、藍色の染料だけだった。金《きん》はどこだ？　一般には、北アメリカ大陸のカロライナ沖の島々のどこかにあるのではないかと言われている。いつか見つかるだろうか？　伝説では、かつて黒髭は、財宝の隠し場所を知っている人はいるかと尋ねられて、「財宝の隠し場所を知っているのは、俺と悪魔のふたりだけだ。どっちか長生きした方のものになる」と答えたそうだ。

第9章　最後の言葉

友よ、きみは海賊の訓練の手引き書を読み終えた！　本の形で教えられることは、もうほとんど残っていない。これから海賊船で最初の任務に就いたら、きみは仕事を通して学んでいかなければならない。幸運を祈っている。だが、その前に、最後にひとつだけ警告しておく。

おそらく、うすうす感じているだろうが、海賊は人気のある稼業ではない。ほとんどの海賊の首には懸賞金がかかり、絞首刑執行人はイギリス海軍が海賊を捕まえるのを手ぐすね引いて待っているのは当然のこととして、海賊同士の間にも危険はある。海賊にはライバルがいるのだ。それぞれ活動する縄張りは決まっているが、常に人の縄張りを分捕ろうとする輩が出てくる。俺の親しい仲間の中にも、妬み深いライバルに殺されたやつが何人もいる。だから、常に警戒を怠るな。殺人者はいつやって来るかわからな

編集者あとがき

正体不明の自称「海の紳士」による『海賊の日常生活』の原稿は、ここで終わっている。彼の正体について、それにもちろん、彼を殺した人物の正体をめぐって、さまざまな憶測がなされてきた。「紳士」が誰であるかについては明確な証拠はないが、本書の中にかすかな手がかりが含まれている。著者はバーソロミュー・ロバーツについて、かなり親しげな言葉で何度も言及し、父親を介してではあるが、知人だとも述べている。また、特にニューイングランドとカロライナの海岸線について詳しいように思え、おそらく何度か大西洋横断航海の経験があるようだ。また、根底には明らかにイギリス国王に対する忠誠心を持ちつつも、アメリカとの強い関係性が見て取れる。アメリカ独立戦争や、一七九二年のアメリカ人私掠船船長ジョン・ポール・ジョーンズの死についても述べている。これは著者自身の死のほんの数年前の出来事だ。何より目を見張らされるのは、世界中の海賊の歴史に関する著者の深い知識である。これだけ見ても、著者は教養があり、博識のある人間であったことが伺える。ジョンソン船長の著名な著書『海賊列伝』〔朝比奈一郎訳。中央公論新社。二〇一二年〕にも言及されているが、この本は一七二四年に初版が出版されている。だが、著者の知識は明らかにこの話題作をはるかに越えていて、中でも卓越しているのは、中国と日本の海賊に関する広い知識である。中国の海賊についてはよく知られているとしても、一八世紀の日本は鎖国のさなかにあり、著者にとって情報源となり得たのは、長崎湾の出島にあるオランダの交易拠点だけだった。出島はオランダと日本に役立つ情報を伝えるパイプのような役割を果たしていて、著者は間違いなく、出島から故国に送られた情報の恩恵を受けていた。なお、著者の原稿に、彼が訪れたかもしれない国、見たかもしれない景色、つき合ったかもしれない悪党たちの挿絵を加えておいた。

著者がこの原稿を書いた時期については疑問の余地はない。序章に一七九三年と明記されている。また、法廷の記録から、著者が殺害されたのは一七九四年一〇月のこととわかる。それでも、いまだに名前さえわからず、彼の正体は永久に謎に包まれたままになりそうだ。そして、この卓越した著書の最後のページを執筆中だった著者を殺害した人物の正体も同様だ。わかっているのは、事件現場はイギリスのチャタムにある下宿屋で、この事件の直後に火事で焼け落ちた。犠牲になったのはひとりの船員で、海事裁判所による調査が行われ、短い報告書が国立公文書館に保存されている（『公文書年次目録（Calendar of State Papers）一七九四：近年チャタムで起こった最も痛ましい殺人事件に関する海事裁判所の報告書』）。これは正式な報告書なので、大半は面白くも何ともないが、下宿屋の大家による法廷での証言を記載した次の一節は興味深い。

この方は非常に孤独を好み、人づきあいを避けておいででした。めったにお話しにならず、おそらくアメリカ訛りと思われる、独特の訛りがありました。部屋代はいつもスペインのダブルーン金貨で期日に払ってくださり、私どももそれで異存はございませんでした。ほとんどの時間は部屋で書き物をされていて、お食事も部屋へお持ちするように言われていました。もしお出かけになれば、義足で家の中を動かれるので、すぐに気付くはずです。訪ねてくる人もなく、オウムが唯一の友のようでした。事件があった夜、私は眠っておりまして、何の物音も聞いておりません。ですから、おそらく犯人は窓から侵入したのではないでしょうか。翌朝朝食をお持ちしたとき、窓は開いたままでした。そこで、あの方の死体が書きかけの原稿の上に覆いかぶさっているのを発見したのです。部屋は荒らされていませんでしたが、船箪笥がこじ開けられていました。犯人が船箪笥から小さな木製の宝石箱を取り出したのだと思います。宝石箱は床の上に転がっていました。私はその箱を初めて見ました。箱は空っぽで、蓋には「宝の地図」と書いてありました。犯人が地図を盗んだに違いありません。

海事裁判所は被疑者未定のまま評決を下して、事件は決着した。一七九七年になって、血痕の付いた本書の原稿が海事裁判所から大英博物館に提出され、現在も大英図書館の資料コレクション（Manuscript Collection）に収められている。本書は一八一一年に小型の八つ折り版で出版されたが、現在存在が確認されているのは三部だけだ。そのうちケンブリッジ大学図書館が所蔵していた本が、今回の出版の底本となった。

本書には興味深い後日譚がある。一八三〇年六月発行の『タイムズ』誌に、「一七九四年のチャタム殺人事件――ある古物商の調査」という見出しで匿名記事が掲載され、教区簿冊〔教区ごとに教区民の受洗・結婚・埋葬を記録した帳簿〕から見つかった証拠が注目を引いた。この調査によると、殺人事件が起きた下宿屋は事件の直後に不審火によって焼失したが、間もなく別の教区簿冊から、下宿屋の大家がサセックス州に広大な土地を所有し、堂々たる豪邸を構えていることが明らかになった。行方不明の宝の地図については――行方不明のオウムについても――何も言及されていない。

参考文献

歴史上の海賊に関する情報で、入手しやすく信頼できる図版入りのものとしては、アンガス・コンスタム著 *Pirate: The Golden Age*, Osprey Warrior, **2011**. がある。海賊の実際の行動と姿が文章と活き活きとした絵で示されているので、手始めに読む本としてお勧めだ。同じ著者による *The Pirate Ship 1660-1730*, Osprey New Vanguard, **2003**. には、海賊が略奪して乗り回していた船舶の詳細が述べられている。また、ルネ・シャルトラン著 *The Spanish Main 1492-1800*, Osprey Fortress, **2006**. では、海賊活動の温床となったスパニッシュ・メイン付近の要塞や城が詳しく説明されている。

ピーター・アール著 *The Pirate Wars*, Methuen, **2004**. は、実際の海賊行為に関して、法と秩序の観点からの洞察を提供してくれる卓越した書籍で、各国の海軍がどのようにして海賊を海から追い払おうとしたかが記述されている。

ロバート・E・リー著 *Blackbeard the Pirate: A Reappraisal of His Life and Times*, Blair, **1974**, は、史実調査に基づいて黒髭という人物を解説した優れた著書だ。また、ベナーソン・リトル著 *The Sea Rover's Practice: Pirate Tactics and Techniques 1630-1730*, Potomac Books, **2007**. は、当時の記事から収集した非常に詳細な情報の宝庫で、海賊の実際的側面について（本書を読んだあと）さらに知識を深めたい人に最適だ。

チャールズ・ジョンソン船長著『海賊列伝』（朝比奈一郎訳、中央公論新社）は多くの海賊の生涯に関する主要な情報源で、現在もさまざまな版で広く販売されている。

ロシア
・イスタンブール
因島
来島
日本
能島
中国
インド
アユタヤ
インド洋
マダガスカル
喜望峰

非公式
世界地図
ニューファンドランド
ロンド
イギリス
プリマス
サン・マ
ニューヨーク
大西洋
チャールストン
ナッソー
トルトゥーガ島
イスパニョーラ島
アル
ジャマイカ
カルタヘナ
パナマシティ
太平洋

長、インド船舶襲撃中に射殺される。
1696年　スコットランド生まれのウィリアム・キッド、西アフリカ沿岸の町を恐怖に陥れる。
1698年　イギリス議会で海賊法が成立。外国の港で船乗りを告発し、裁判にかけることが可能になった。
1701年　ウィリアム・キッド、絞首刑に処せられ、ジベットで晒される。
1711年　フランス人コルセア、レネ・デュゲイ＝トルーアン、リオデジャネイロを占拠。
1713年　ベンジャミン・ホーニゴールド、ニュー・プロビデンス島に海賊基地を設立。
1715年　スペイン継承戦争終了後、何千人ものイギリス水兵がイギリス海軍から解雇される。
1717年　ブラック・サム・ベラミー船長がカリブ海でウィダー・ギャリー号を拿捕し、ただの「ウィダー号」に改名する。
1718年　黒髭がチャールズタウン（現チャールストン）を封鎖するも、イギリス海軍大尉ロバート・メイナードに追跡され、殺害される。
ニュー・プロビデンス島の海賊の安息地閉鎖。
イギリス政府、海賊への恩赦を宣言。
スティード・ボネットとその手下がアメリカのチャールズタウン（現チャールストン）で絞首刑に処せられる。
1720年　「キャリコ・ジャック」・ラカムは絞首刑に処されるが、女性の共犯者アン・ボニーとメアリー・リードは死刑を免れる。
1722年　バーソロミュー・ロバーツ（「ブラック・バート」）が戦闘中に死去。
エドワード（ネッド）・ロウが反乱を起こし、海賊になる。
1724年　ネッド・ロウの手下が反乱を起こし、ロウを置き去り刑にする。彼はフランス船に「救出」されるが、フランス当局に正体がばれて絞首刑に処せられる。
ジョンソン船長の『海賊列伝』出版。
ジョン・ゴウがガレー船ジョージ号の船上で血みどろの反乱を主導し、その後船長となる。
1730年　海賊の黄金時代が終焉を迎える。
1736年　イギリス議会で密輸業者に対する賠償法（Act of Indemnity for Smugglers）が制定される。
1776年　ジョン・ポール・ジョーンズ、プロビデンス号の船長となる。
1779年　「アメリカ海軍の父」と称されるジョン・ポール・ジョーンズが、フランボローヘッドの戦いでイギリス船セラピス号を拿捕。
1789年　アメリカ人海賊レイチェル・ウォールが処刑され、マサチューセッツで絞首刑に処せられた最後の女性となる。
1793年『海賊の日常生活』脱稿（正体不明の著者は死亡）

年　表

紀元前700年　新アッシリア帝国の統治者センナケリブ王、ペルシア湾で海賊と戦う。
紀元前330年　アレクサンドロス大王、地中海から海賊を一掃するため出兵する。
紀元前67年　海賊が、ギリシア領キクラデス諸島のデロス島へ供給されるローマ産穀物を標的にする。
紀元310年　ペルシアのシャープール2世、ペルシア湾で海賊と戦う。
1243年　イギリスのヘンリー3世、アダム・ロバーノルトとウィリアム・ル・ソヴァージュに初めて公式の私掠免許状を発行する。
1492年　クリストファー・コロンブスが北アメリカ大陸に上陸し、スペイン人による新大陸の植民地化の端緒を開く。
1518年　ウルージ・バルバロッサ、戦闘中に死亡。
1529年　ハイレッディン・バルバロッサ、兄の遺志を継いでアルジェを攻略し、バルバリア海岸からスペイン人を追い払う。
1535年　バルバリア海賊、メノルカ島マオン港への伝説的攻撃を開始。
1546年　ハイルッディン・バルバロッサ、コンスタンチノープル（現在のイスタンブール）の海辺の宮殿で安らかに死去。
1556年　中国人海賊徐海と王直、倭寇を率いて浙江省を襲撃。
1580年　フランシス・ドレーク卿、3年におよぶ世界一周の航海を終えてイギリスへ帰港。
1581－86年　倭寇、フィリピンのスペイン領植民地を襲撃。
1600年　カリブ海のトルトゥーガ島に海賊の安息地設立。
1604年　村上武吉死去。
1610年　イギリスの私掠船船長ピーター・イーストン、カナダのニューファンドランドで30隻の船団に勝利。
1623年　ジャワ島の海賊がシャムの首都アユタヤを攻撃するが、大砲を引く象で武装した日本人海賊の激しい抵抗に追い返される。
ディクシー・ブルが海賊に転身するが、10年後に謎の失踪を遂げる。
1650年　海賊の黄金時代の始まり。
1655年　イギリス人入植者に雇われたバッカニア、ジャマイカからスペイン人を追い払う。
1660年　ジャマイカのポート・ロイヤルが絶頂期を迎える。
1662年　鄭成功が台湾を占拠するが、その後間もなくマラリアで死去。
1671年　ヘンリー・モーガン船長、パナマの略奪を指揮。
ステンカ・ラージン、モスクワで処刑。
1672年　ヘンリー・モーガン船長、イギリス当局に「逮捕」される。
1675年　スコットランドのバッカニア「レッド・レッグス」・グリーブス、ベネズエラ沖のマルガリータ島を占拠。
1683年　オランダ船のファン・ホールン船長、1000人の海賊団を率いてメキシコのベラクルスを襲撃。
1692年　ジャマイカのポート・ロイヤルで地震が発生し、「レッド・レッグス」・グリーブスが脱走。
(1693年　イギリスの私掠船がサン・マロのフランス基地へ火船を送るが、失敗に終わる。
1694年　イギリス人ヘンリー・エイヴリーがチャールズ号で反乱を起こし、海賊船船長となる。
1695年　伝説によれば海賊基地リバタリアを設立したトマス・テュー船

162 Wellcome Library, London. Wellcome Images
165 Master and Fellows of Pepys Library, Magdalene College, Cambridge. Photo Edward Leigh
171 National Maritime Museum, London
173 Howard Pyle's Book of Pirates, 1921
177 Pictures from History
183 Bancroft Library, University of California, Berkeley
188 Howard Pyle's Book of Pirates, 1921
190 The Pirates' Own Book, by Charles Ellms, 1834
193 上 Historical Picture Archive/Corbis
193 下 Alamy Stock Photo/Chronicle
154 Howard Pyle's Book of Pirates, 1921
195 Getty Images/Bettmann
196 Universal Images Group
197 Mary Evans Picture Library
199 Culture Club
201 Private Collection/Look and Learn
204 Library of Congress, Washington, D.C.
211 Diomedia/British Library, London
212 Library of Congress, Washington, D.C.
225 Interfoto
227 Larry Stevens Coinpicks

図 版

12 National Portrait Gallery, London
15 Lebrecht Music and Arts Photo Library
17 Matthias Kabel
19 Trustees of the British Museum, London
26 Heritage Images
29 Library of Congress, Washington, D.C.
31 Rex/Shutterstock/Gianni Dagli Orti
33 Pictures from History
35 The Metropolitan Museum of Art, New York/The Jefferson R. Burdick Collection, Gift of Jefferson R. Burdick
36 Bristol City Art Gallery
38 British Library, London
40 Heritage Images
49 The Pirates' Own Book, by Charles Ellms, 1834
51 Universal History Archive
63 NARA
66 Howard Pyle's Book of Pirates, 1921
68-69 Alamy Stock Photo/Chronicle
70 Wellcome Library, London. Wellcome Images
77 Wellcome Library, London. Wellcome Images
79 Lebrecht Music and Arts Photo Library
81 Bridgeman Images/National Geographic Creative/Robert McGinnis
82 Wellcome Library, London. Wellcome Images
83 Wellcome Library, London. Wellcome Images
87 De Agostini Picture Library
88 Library of Congress, Washington, D.C.
89 Wellcome Library, London. Wellcome Images
90 Heritage Images
93 Noord-Holland Archive
95 Granger Historical Picture Archive
96 Design Pics Historical/Ken Welsh
98 National Oceanic and Atmospheric Administration/Department of Commerce
102 SuperStock RM
104 上 Universal Images Group
104 下 Universal Images Group, Liszt Collection
106 De Agostini Picture Library
109 Design Pics Historical/Ken Welsh
110 De Agostini Picture Library
111 Howard Pyle's Book of Pirates, 1921
112 Universal Images Group
114 Heritage Images
119 Mary Evans Picture Library
121, 125 Royal Armouries Museum, Leeds
128 Whydah Pirates Museum, West Yarmouth, Massachusetts
129 Fine Art Images
134 Rijksmuseum, Amsterdam
143 Diomedia/British Library, London
145 Granger Historical Picture Archive
147 New York Public Library
149 Design Pics Historical/Ken Welsh
158 Getty Images/Bettmann

著者
スティーブン・ターンブル　(Stephen Turnbull)
リーズ大学講師、国際教養大学客員教授。日本の宗教に関する研究で2つの修士号と博士号を取得。歴史に関する70冊以上の著書がある。2012年のキアヌ・リーブス主演映画『47RONIN』では、ユニバーサル・ピクチャーズの歴史アドバイザーを務めた。

訳者
元村まゆ（もとむら・まゆ）
同志社大学文学部卒業。翻訳家。訳書としてストーン『「食」の図書館 ザクロの歴史』、タウンセンド『「食」の図書館 ロブスターの歴史』、トラフォード『古代ローマの日常生活II』、ブランソン『DotCom Secrets』、クラーク『SKY PEOPLE』などがある。

カバー図版：
Granger, NYC. / Alamy Stock Photo
NAWROCKI / Alamy Stock Photo
Lordprice Collection / Alamy Stock Photo

海賊《かいぞく》の日常生活《にちじょうせいかつ》

船上生活《せんじょうせいかつ》、戦闘術《せんとうじゅつ》、ロールモデルまでの実践《じっせん》非《ひ》公式《こうしき》マニュアル

●

2024年6月6日　第1刷

著者……………スティーブン・ターンブル
訳者……………元村《もとむら》まゆ

装幀……………伊藤滋章
発行者……………成瀬雅人
発行所……………株式会社原書房
〒160-0022 東京都新宿区新宿 1-25-13
電話・代表　03(3354)0685
http://www.harashobo.co.jp/
振替・00150-6-151594
印刷……………新灯印刷株式会社
製本……………東京美術紙工協業組合

ISBN 978-4-562-07418-1, printed in Japan